게임,
경영을
바꾸다

게임, 경영을 바꾸다
비즈니스 레벨업을 위한 게임화 전략

2024년 10월 7일 초판 1쇄 발행

지 은 이 | 한창수
펴 낸 곳 | 삼성글로벌리서치
펴 낸 이 | 김원준
출판등록 | 제1991-000067호
등록일자 | 1991년 10월 12일
주   소 | 서울특별시 서초구 서초대로74길 4(서초동) 삼성생명서초타워 28층
전   화 | 02-3780-8213(기획), 02-3780-8074(마케팅)
이 메 일 | sgrbooks@samsung.com

ⓒ 한창수 2024
ISBN | 978-89-7633-134-2   03320

- 이 책은 저작권법에 따라 보호받는 저작물이므로 무단전재와 무단복제를 금지하며, 이 책 내용의 전부 또는 일부를 이용하려면 반드시 저작권자와 삼성글로벌리서치의 서면동의를 받아야 합니다.
- 가격은 뒤표지에 있습니다.
- 잘못된 책은 바꾸어 드립니다.

> 삼성글로벌리서치의 도서정보는 이렇게도 보실 수 있습니다.
> 홈페이지(https://www.samsungsgr.com/) → SGR BOOKS

게임, 경영을 바꾸다

비즈니스 레벨업을 위한 게임화 전략

한창수 지음

삼성글로벌리서치

책을 내며

나는 2022년 〈게임요소의 비즈니스화〉라는 제목의 연구를 수행하다 게임이라는 장르가 향후 기업 경영뿐 아니라 한국사회의 미래를 열어가는 가장 중요한 열쇠가 될 수 있다는 사실을 깨닫게 되었다. 이 시대에 게임은 단순한 놀이에 그치는 것이 아닌 듯했다. 연구를 하면 할수록 '게임이야말로 새로운 시대로 넘어가는 결정적 문턱이 되는 것 아닐까' 하는 생각이 들었던 것이다.

이 책의 집필은 이러한 절박한 심정에서 시작되었다. 그런데 불행히도 현 단계에서는 국내외를 망라해도 집필에 참고할 만한 자료나 책자가 많지 않았다. 그나마 다행스러운 것은 경영현장에는 이미 수많은 게임화 사례가 존재한다는 사실이었다. 사례의 주인공들은 게임에 강점을 지닌 MZ세대의 활발한 참여를 토대로 경영의 다양한 분야에서 게임화의 가능성을 과감히 실험하고 있었다.

말하자면 현실은 이론보다 빠르게 펼쳐지고 있었던 것이다. 이 책은 이미 저만치 앞으로 달려 나아간 게임화라는 현실을 체계적으로 설명하고 그것이 갖는 실천적 의미가 무엇인지를 도출하기 위해 쓰였다. 아울러 지금 이 시간에도 비즈니스의 도약을 위해 비즈니스의 게임화를 준비하고 있는 분들에게 조금이나마 도움이 될 수 있도록 책의 내용을 구성하려 노력했다. 책 출간 과정에서 아이디어를 제공해준 동료 연구원들, 그리고 편집 과정에서 모든 문장에 세심히 집중해준 출판팀의 노고에 진심으로 감사드린다.

2024년 10월

강남 사거리를 조망하며, 한창수

차례

책을 내며 • 4

프롤로그 | 게임하는 삶은 지지 않는다 • 11

1부
게임화 시대의 도래

1장. '즐기는 자가 승리하는' 게임의 시대가 온다 • 25

2장. 게임, 어떻게 일상이 되었나? • 41

3장. 게임에서 게임화로 • 67

4장. 비즈니스의 게임화 • 83

2부
비즈니스를 게임화한 기업들

1장. 혁신: '혁신의 피로감' 이겨내기 • 109
2장. 채용: 스펙을 넘어서 • 125
3장. 교육/훈련: 게임하며 성장한다 • 139
4장. 마케팅: 게임은 고객을 춤추게 한다 • 153
5장. ESG: 지속하는 기업은 게임하는 기업 • 171

3부
게임화 도입하기

1장. 어떻게 시작할 것인가: 타당성 진단과 도입 순서 • 183
2장. 누가 할 것인가: 플레이어 유형 분류와 동기 분석 • 199
3장. 무엇으로 실현할 것인가: 목표, 대상, 툴 배치하기 • 209

4부
성공적인 게임화를 위한 여덟 가지 팁

첫 번째, '게임'과 '게임화'의 동기부여는 다르다 • 223

두 번째, 억지로 하는 게임은 게임이 아니다 • 226

세 번째, 이익 증대에 지나치게 집착해서는 안 된다 • 229

네 번째, 창조적인 리더가 게임을 이끈다 • 232

다섯 번째, 게임 리더십의 빈번한 교체를 수용해야 한다 • 235

여섯 번째, 비즈니스와 게임이 만나는 '스위트 스폿'을 찾아야 한다 • 238

일곱 번째, 예상치 못한 윤리적 난관에 직면할 수 있다 • 242

여덟 번째, 게임화는 끊임없는 전진의 드라마다 • 246

부록 | 비즈니스 게임화 사례들 • 251

참고문헌 • 273

프롤로그

게임하는 삶은 지지 않는다

　나는 게임을 좋아하는 아이였다. 나의 초등학교, 중학교 시절은 각종 놀이와 게임으로 가득 차 있었다. 시골서 살던 초등학교 때는 틈만 나면 산으로, 들로, 강으로 나가 뛰어놀았으며, 도시로 이사한 후에는 대개 주택가 골목길에서 놀았다. 당시는 출산율이 높을 때라 도시의 골목들은 아이들로 넘쳐났다.

　그 무렵 아이들이 즐기던 놀이는 딱지치기, 구슬치기, 숨바꼭질 등으로 대개 어떤 종류의 게임이었다. 게임이 아니고는 주체할 수 없이 솟아나는 에너지를 소모할 수 없을 것 같았다. 우리는 게임으로 친구를 만들었고 경쟁과 협력을 배웠고 규칙을 익혔으며, 공동체와 사회를 이해했다. 이상하게도 이것들은 삶에서 가장 중요한 것들임에도 책에서도 학교에서도 거의 가르치는 법이 없었다.

　아니 가르칠 수 없을 것 같았다. 왜냐하면 삶에서 가장 중요한 것은 대부분 자발적 참여로 배우는 것이기 때문이다. 자발적으로 참여하지 않은 배움은 대개 어떤 종류의 미흡함을 남긴다. 반면 배움이 자발적이면 그것들은 '배운다'는 느낌조차 없이 우리 의식의 뒷문으로 슬며시 들어와 내면의 자산으로 굳건히 자리 잡는다. 그 시절 아이들은 아무런 쓸모도 없을 것 같던 골목길의 시끌벅적한 놀이를 통해 무럭무럭 성장했다.

고등학교에 들어가자 큰 변화가 일어났다. 지금까지 해오던 거의 모든 게임이 거대한 하나의 게임으로 통일되는 것 같았다. 나 또한 대한민국의 모든 학생이 참여하는 그 거대한 게임에서 예외가 될 수 없었으니, '대입을 위한 점수 따기' 경쟁이 그것이다. 이 시기에는 게임의 방법과 종류가 크게 줄었으나 그 열도는 훨씬 높아졌다. 주변에서는 이 게임이 인생을 좌우한다는 둥 엄포를 놓았다. 이제 게임은 재미가 아니라 어떤 스트레스가 되는 기분이었다.

이후 대학생활을 거쳐 직장생활을 시작했다. 게임은 이전보다 훨씬 고도화되었고 스트레스의 농도도 짙어졌다. 여기서 고도화란 게임 자체를 즐기기보다는, 부여된 목표를 달성하기 위한 수단으로서 게임을 바라보게 되었다는 뜻이다. 많은 경우 게임은 우회적으로 진행되어, 배후에 깔린 의도가 전면에 드러나는 경우는 거의 없었다. 이렇게 되자 나는 때때로 '나의 게임'을 하는 것이 아니라 '다른 누군가의 게임'에 내가 편입되어 있는 상태가 아닌가 의심하곤 했다.

지금껏 다양한 종류의 게임에 참여해오며 내가 깨달은 것은 참여하는 게임의 종류가 많아질수록 삶이 풍성해지며 즐거워진다는 사실이다. 게임의 종류가 줄면 삶도 점점 메마르고 황량해진다. 이것은 어찌 생각하면 매우 당연한 이치다. 가령 한 종류의 게임에만 집착한다면 어떻게 될까? 단조로울 뿐 아니라 위험한 일이 될 것이다. 단 한 번의 패배로 모든 것을 잃을 수 있기 때문이다. 게임이 스트레스를 수반하는 것도 주로 이러한 이유에서다. 그렇지만 여러 종류의 게임을 하면 패배의 위험을 분산할 수 있고, 그 과정에서 자신이 가장 잘하는 게임이 무엇인지 알게 될 수도 있다.

주변을 돌아보면 어릴 때는 여러 종류의 게임을 즐기다가도 나이가 들어갈수록 소수의 게임으로 수렴하는 경향이 있음을 알게 된다. 사람들과 대화하다 보면 적지 않은 이들이 마침내 단 한 종류의 게임[1]에 사로잡혀 있다는 사실을 발견하곤 하는데 이러한 상태를 우리는 흔히 '강박'이라 부른다. 내가 보기에, 게임이란 세상을 내다보는 일종의 창(窓)인데 그 창의 개수가 급격히 줄어드니 그만큼 삶의 풍경은 단조롭고 지루해진다. 사람들 사이의 대화 주제도 축소되고 어떤 상황에서도 비슷한 이야기를 반복하곤 한다.

'차이의 철학자'라 불리는 질 들뢰즈(Gilles Deleuze)는 게임의 종류는 많을수록 좋으며, 나아가 사람마다 한 가지씩, 즉 저마다 자신만의 게임을 갖는 것이 바람직하다고 주장한다. 철학자 들뢰즈가 말하는 '차이(difference)' 개념은 다양한 의미를 지니지만 삶 속에서 벌어지는 여러 게임에도 동등하게 적용될 수 있다. 만일 들뢰즈의 말처럼 다른

---

[1] 자본주의 사회에서 가장 흔히 볼 수 있는 '돈 벌기 게임'이 그것이다.

이들과 구별된 나만의 고유한 게임을 갖는다면 게임에서 내가 패배하는 일은 결코 일어나지 않을 것이다. 왜냐하면 나 자신이 게임의 룰을 만들어가며 게임을 하게 되기 때문이다. 이는 내가 게임의 플레이어이자 동시에 게임의 주관자가 되기에 가능한 일이다. 사실 이것이 전 세계 모든 예술가가 지금도 벌이고 있는 '창작'이라는 게임의 실체이다. 들뢰즈에 따르면 예술가뿐 아니라 평범해 보이는 모든 사람의 삶이 어떤 종류의 창작행위이다. 그가 말한 '차이의 철학'은 다름 아닌 삶의 모든 현상을 예술적 현상으로 보려는 철학이다.

기업의 새로운 차별화 수단으로서의 게임화

오늘날의 자본주의 사회에서 비즈니스란 사실 일종의 게임이나 마찬가지다. 비즈니스의 핵심인 '이윤'의 획득과 분배를 둘러싸고 주주, 경영자, 직원, 고객 등 이해관계자들이 오래전부터 게임을 해왔다고 볼 수 있다.

최근의 발전된 디지털기술은 기존 게임을 지속적으로 디지털화하고 있으며, 이에 따라 게임의 룰도 크게 변화하고 있다. 비즈니스의 게임화(gamification)가 본격화되고 다양한 이해관계자의 주목을 받게 된 것도 디지털기술이 비즈니스에 도입되면서다. 가령 구글, 애플, 아마존, MS 등 디지털기술을 주로 활용하는 플랫폼기업들은 경영을 마치 게임하듯 하는 경향이 강하다. 이들 기업의 CEO들은 대부분 젊고 의욕적이며 변화를 두려워하지 않는다. 지금 이들은 기존 기업들이 오랜 세월 구축해온 게임의 룰을 하나하나 바꾸려 시도하고 있다.

그들의 가장 중요한 목표는 당장 눈앞에 전개되는 시장경쟁에서 승리하는 것이 아니다. 그보다 더 중요한 것은 자신만의 게임을 만들어내고, 게임의 매력 속으로 사람들을 끌어들이는 일이다. 플랫폼기업들이 초기의 손실을 감수하고라도 일단 자사 플랫폼을 통과하는 트래픽(traffic)을 늘리는 데 집중하는 것도 이런 맥락에서 이해할 수 있다.

비즈니스에서 자신만의 게임을 만든다는 것은 자신의 고유한 비즈니스 방식, 즉 비즈니스 모델(business model)을 창출한다는 뜻이다. 플랫폼기업들은 전통적 경쟁 룰인 '수확체감의 법칙(law of diminishing returns)'뿐 아니라 디지털경제의 룰인 '수확체증의 법칙(law of increasing returns to scale)'도 매우 잘 이해하고 있다. 가령 특정 소프트웨어의 사용자가 늘면 늘수록 투입 비용 대비 수익이 기하급수적으로 증대하는 것처럼, 디지털 공간에서는 현실 공간과 달리 생산요소의 투입과 소비가 증대함에 따라 그 비용은 감소하는 특징을 띠게 되는데, 이러한 일은 모두 수확체증의 법칙 때문이다. 플랫폼기업들은 이 두 가지 법칙을 잘 융합하여 다른 기업이 모방하기 어려운 자신만의 독자적 비즈니스 모델을 만들어낸다.[2]

그들에게는 뚜렷한 라이벌이나 고정된 타깃이 존재하지 않는다. 심지어 국적이나 업종, 시장의 경계도 존재하지 않는다. 그들은 IT 분야

---

[2] 나는 가까운 미래에 순전히 수확체증의 법칙에만 의존하는 기업이 나타날 것이라 예상한다.

뿐 아니라 거의 모든 전통적 업종의 밸류체인에 슬쩍 올라탄 그림자 같은 존재로서 전혀 이질적인 시장에서도 막강한 존재감을 드러낸다. 그 결과 오늘날 시장경제에 참여한 사람이라면 그들과 접촉하지 않기란 어려운 일이 되었다. 지금 이 책을 펴든 당신도 잠시만 생각해본다면 이미 주위에 그들의 그림자가 짙게 드리워져 있음을 알게 될 것이다.

나는 왜 이들 플랫폼기업에 대해 이야기하고 있는가? 이들이야말로 조만간 지구상의 모든 기업이 뒤따르게 될 비즈니스 모델의 미래 모습이기 때문이다. 오늘날 앞선 비즈니스 모델은 산업을 불문하고 벤치마킹을 통해 급속하게 확산되는 경향을 보인다. 향후 기업들은 규모, 업종, 국적을 불문하고 그들로부터 경영과 관련된 시사점을 얻게 될 것이다.

이러한 현상이 의미하는 바는 조만간 모든 기업이 그 생존과 성패를 '게임으로서의 비즈니스', 즉 '독자적 비즈니스 모델을 창출하는 능력'에 걸게 되리라는 것이다. 그리고 바로 이 '게임으로서의 비즈니스'는 기업들이 언제나 갈망하는 '차별화(differentiation)'[3]를 위한 가장 핵심적인 수단이 될 것이다.

이러한 변화는 '비즈니스의 디지털화'와 '게임의 디지털화'라는 두 줄기 급류가 한곳에서 만났기에 벌어진 현상이다. 바로 이런 맥락에서, 비즈니스 게임화의 선구자 중 한 사람인 유카이 초(Yu Kai Chou, 周郁

---

[3] 차별화는 모든 경영인과 경영학자가 꿈꾸는 기업의 이상적 모습이라 할 수 있다. 마이클 포터(Michael Potter), 마이클 해머(Michael Hammer) 등 모든 경영학 구루가 세대를 넘어 추구한 것이, 다름 아닌 기업이 시장 및 경쟁에서 차지하는 '차별적 지위'이다.

凱)[4]는 "이제 CEO도 게임을 알아야 하는 시대가 도래했다."라고 선언했던 것이다.

요즘 사람들이 가장 싫어하는 것은 무엇일까? 단조로움과 지루함이 아닐까? 기업 내외부를 막론하고, 바야흐로 사람들이 재미를 추구하는 시대가 도래했다. 지금까지 사람들을 움직여온 것은 대개 경제적 요인, 즉 돈이었다. 그러나 최근 들어서는 재미가 그 못지않은 동기 요인으로 급부상하고 있다. 이제 직원들은 회사 밖의 삶만 재미있으면 된다고 생각하지 않는다. 그들은 이렇게 묻는다. "회사 내의 삶은 왜 재미있어서는 안 되는가?"

심리학자 프레더릭 허츠버그(Frederick Herzberg)는 사람들의 평균소득이 일정 수준 이상이 되면 동기부여 수단으로서 돈의 영향력은 급격히 줄어들 것이라고 예견했다. 이는 향후 돈을 대신하여 재미가, 그리고 재미를 담보하는 게임이 사회의 여러 분야에서 점점 더 막강한 영향력을 발휘하게 될 것임을 시사한다.

그러므로 미래에 게임을 활용하지 않는 기업은 사람들의 관심을 받지 못하는 상황에 처하고 말 것이다. "왜 하필 게임인가?"라고 묻는다면 게임만큼 '재미'와 '동기부여'를 동시에, 그리고 만족스럽게 달성할 수단은 달리 없기 때문이라 답할 수 있다. 조만간 조직 내 업무는 물론 시장에서 이루어지는 소비활동도 대부분 어떤 종류의 게임이 될 것이다. 게임 방식을 도입하지 않은 기업에서 일하는 직원들은 지루함을

---

4 대만 출신의 게임화 컨설턴트로, 글로벌 게임화 컨설팅 기업 '옥탈리시스(Octalysis)' 창업자.

견디지 못할 것이며, 기업과의 접촉 과정에서 게임 기회를 획득하지 못하는 고객들은 구매 및 소비 과정의 단조로움을 참지 못해 떠나버리고 말 것이다. 이 책의 본문에서 더 자세히 설명하겠지만, 이러한 조짐은 이미 경영의 여러 분야에서 현실이 되고 있다.

한국에 다시 한번 기회를 열어줄 비즈니스의 게임화

비즈니스의 게임화는 우리나라에, 그리고 우리 기업에 어떤 영향을 주게 될까? 나는 비즈니스의 게임화야말로 앞으로 한국에, 지난 1990년대 중반 디지털 전환(digital transformation)이 한국 기업에 제공했던 것보다 더 큰 기회를 가져다주리라 믿고 있다. 당시 산업 및 비즈니스의 전면적 디지털 전환은 일본 등 아날로그 분야에서 절정의 경쟁력을 구가하던 선진기업들의 경쟁우위를 단숨에 무력화했으며, 적지 않은 한국 기업들이 단기간에 세계적 경쟁력을 갖춘 기업으로 도약할 수 있게 했다.

잘 알려졌다시피, 한국은 게임에 강한 나라다. 게임을 잘 만들 뿐 아니라 각종 게임대회에서 우승을 도맡아 하는 나라이며 세계를 주름잡는 게임 선수를 지속적으로 배출하는 나라다. 한국의 게임 선수들이 지닌 전략적 창의성은 때로 게임 개발자들마저 당황시킬 정도다.

2012년 미국 블리자드(Blizzard) 사가 '디아블로 3'를 처음 발매할 당시 회사의 개발자들은 아무리 게임을 잘하는 사람이라도 게임을 완전히 클리어하는 데 최소 3개월은 걸릴 것이라 호언했지만 한국의 게이머들에 의해 불과 2주 만에 클리어되어버렸다는 것은 유명한 얘기다. 그 밖에도 2000년 이후 디지털게임의 대표주자로 부상한 '스타크래프트', '리그 오브 레전드', '오버워치' 등에서 한국 선수들은 거의 모든 대회와 각종 이벤트에서 압도적 기량을 보여주고 있다. 대부분의 게임이 디지털화된 오늘날, 세계 최상위 디지털 강국인 한국에 새로운 기회가 도래하고 있다는 말은 그래서 전혀 이상하게 들리지 않는다.

그뿐만이 아니다. 한국은 IT산업은 물론 조선, 철강, 가전, 자동차, 문화 등 전통산업 분야에서도 세계적 경쟁력을 지닌 나라다. 한국은 1990년대의 '디지털 전환' 이후 디지털기술을 기반으로 거의 모든 분야에서 경쟁력을 고루 상승시켜왔다. 세계 어디서도 이처럼 폭넓은 분야에서 강한 경쟁력을 드러낸 나라를 찾아보기는 어렵다. 이는 한국이, 디지털기술이 요구하는 속도감에 매우 잘 적응한 덕분이다. 게임 분야에서도 이와 동일한 일은 일어날 수 있다.

나는 게임을 잘하는 개인과 사회는 경쟁에서 좀처럼 패배하지 않는다는 확신이 있다. 왜냐하면 그런 개인과 사회는 어떤 상황에서도 남보다 빠르게 자신만의 해법을 찾아낼 것이기 때문이다. 창조적 해법의 발견이야말로 게임의 본질이라 해도 과언이 아니다. 나는 20세기 중반 파멸적인 6·25전쟁을 거치고도 한국이 단기간에 비약적 성장을 이룰 수 있었던 것은 우리가 시대적 환경의 제약 속에서도 창조적 해법을 찾아내는 데 능숙한 민족이기 때문이라 믿는다.

비즈니스의 게임화는 거대한 시대적 물결이 되어 이미 우리 곁에 다가와 있다. 우리는 디지털 전환 당시와 마찬가지로 다시 한번 이 물결에 국가적 명운을 걸어야 한다. 비즈니스의 게임화는 급속한 인구 감소 및 선진국형 저성장의 늪에 빠지기 시작한 한국경제에 주어진 절호의 기회가 아닐 수 없다. 나는 이것이 선택 사항이 아니라 곧 다가올 미래를 대비하기 위한 필수 사항이라 생각하여 이 책을 쓰기 시작했다.

물론 비즈니스의 게임화는 단지 열정만 있다고 될 일은 아니다. 그것은 아마도 우리에게 그 이상의 것들을 요구할 것이다. 무엇보다 우선 게임을 알아야 하고, 동시에 비즈니스 또한 알아야 한다. 그것도 그저 머리로 아는 것이 아니라 체화될 정도로 철저히 알아야 한다.

게임화의 여정이 결코 수월한 길은 아니겠지만 그렇다고 해서 지루하고 고단한 길만도 아닐 것이다. 오히려 그것은 '더 즐겁게 비즈니스하는', '보다 인간적으로 비즈니스하는' 밝은 미래의 비전 속에서 나타날 것이기 때문이다.

사실 '놀이'는 인간관계의 핵심이다. 20세기 철학적 해석학의 대가 한스-게오르크 가다머(Hans-Georg Gadamer)는 놀이를 하면 상대의 무의식 저변에 놓인 본심을 정확히 파악할 수 있다고 말했다. 왜냐하면 놀이할 때 우리는 표면의 의식은 쉬게 하는 반면, 내면의 무의식이라는 보다 진실된 자아를 작동시키기 때문이다. 따라서 우리는 타인을 대할 때 진지하게 접근하기보다 오히려 가벼운 분위기 속에서 놀이를 통해, 가령 농담을 주고받거나 골프나 카드놀이를 하면서 그의 진면모를 더 정확히 파악할 수 있다. 골프장에서 중요한 비즈니스 거래가 성사되곤 하는 것도 괜히 그런 게 아닌 것이다.

놀이함 그 자체에는 어떤 독특한, 아니 어떤 신성한 진실성이 존재한다.[5]

게임을 신명나는 놀이로 승화시킬 능력을 갖추고 있는 대한민국은 지구상 어느 나라보다도 '비즈니스의 게임화'에 유리한 입장이다. 많은 미래학자가 국가와 사회의 성공요인으로 이런저런 변수를 제시하지만 나는 이 한 가지만으로도 다른 어떤 요인보다 많은 것을 설명할 수 있다고 믿는다.

---

[5] 한스-게오르크 가다머 (2012). 《진리와 방법》 2. 임홍배 역. 문학동네.

1부

"게임을 수 시간 하면 안 좋을 수 있다.
그러나 게임화는 중독될수록 좋다."[1]
- 유카이 초

오늘날 게임은 점점 더 많은 사람들을 끌어들이고 있다. 그런데 게임이 순수한 유희만을 목적으로 삼던 것에서 벗어나 보다 바람직한 형태로 타 분야에 적용되는 경향이 나타나고 있는데, 이를 우리는 '게임화(gamification)'라 부른다. 게임화는 게임이 지닌 잠재력을 사회의 각 방면으로 무한히 확대하는 모멘텀으로 작용할 것이다.

[1] "혁신 제3 물결은 '인간의 욕구'⋯⋯게이미피케이션이 답" (2021. 4. 13), 《이코노미조선》

1장

'즐기는 자가 승리하는' 게임의 시대가 온다

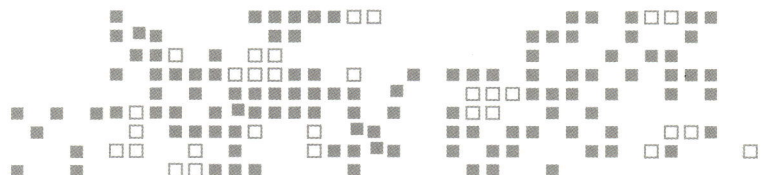

증가하는 게임 인구, 폭발적으로 성장하는 게임 시장

현대는 '게임의 시대'라 부를 만하다. 이전까지 게임은 남는 시간에 즐기는 여가활동 정도로만 인식되었다. 개인의 삶이나 사회적 삶에서 특별히 두드러지는 현상이라 볼 수도 없었다. 그러나 사람들의 소득수준이 향상되면서 이제 게임은 생활 속 깊이, 사회 곳곳으로, 지구촌 거의 모든 지역으로 확산하고 있다. 특히 인도, 중국, 브라질 등 인구밀도가 높은 국가에서 경제성장률의 신장과 함께 게임 인구와 게임 시장이 폭발적 성장세를 보이는 모습이 눈에 띈다.[2]

인간이란 어느 정도 먹고살 만해지면 '재미'를 추구하기 마련이다. 오늘날 게임은 재미의 대명사 같은 것이 되었다. 최근 지하철이나 버스에 타면 대다수 사람이 휴대전화를 들여다보고 있는데 대충 보아도 그중 절반은 게임에 몰두하고 있음을 알 수 있을 것이다.

게임에 가장 열광하는 세대는 MZ세대(1980년대에 태어난 밀레니얼 세

---

[2] 유니티코리아는 2016년 〈모바일 게임 산업 백과 2016〉에서 세계 모바일 게임 설치의 41%가 브릭스(Brics) 국가들에서 발생한다고 밝혔다.

대와 1990년대에 태어난 Z세대를 함께 지칭)이다. 이들 세대에서 게임은 실로 공통 언어라 해도 과언이 아닌 듯하다. 가령 처음 만난 사이일지라도 같은 종류의 게임을 즐긴다는 사실을 알고 나면 몇 시간이라도 즐겁게 대화를 이어간다. 자신의 게임 경험, 게임의 플롯, 게임 용어 등을 공유하며 동질감과 유대감을 느끼는 것이다.

한때 게임은 남성들, 특히 아동과 청소년의 전유물로 인식되었으나 실상은 꼭 그렇지만도 않다는 조사 결과가 나와 있다. 즉, 게임을 좋아하는 심리는 어른과 아이가 다르지 않고, 학력과도 무관하며, 남녀 간 차이도 거의 없다는 것이다. 2022년 한국콘텐츠진흥원(KOCCA)의 〈2022 게임 이용자 실태조사 보고서〉에 따르면, 우리나라 국민 중 10대 이상 연령의 게임 이용률은 74.4%(2021년 71.3%)였으며 이 가운데 남성은 75.3%, 여성은 73.4%로 성별 간 차이가 크지 않았다. 다만 남성은 PC·콘솔 게임을, 여성은 모바일·아케이드 게임을 즐겨하는 것으로 나타났다. 미국의 경우에도 2019년 성인의 65%가 어떤 형태로든 게임을 즐기고 있었는데, 이 중 남성은 54%(평균연령 32세), 여성은 46%(평균연령 34세)였으며, 전체의 52%가 대학 졸업자였다.[3]

오늘날의 아이들은 야외에서 놀이하던 세대와 다르다. 아이들은 게임을 하면서 모험심과 창의성을 키우고 AI와 소통하는 법을 배운다.[4]

---

[3] 한국콘텐츠진흥원 (2019). 《글로벌 게임 산업 트렌드》. 2019년 7~8월호.
[4] 경희대학교 김상균 교수, 제2회 게임문화포럼 중.

게임의 특성은 그것이 몹시 유혹적이라는 점에 있다. 게임은 지루하고 재미없는 현실로부터 빠져나와 재미를 찾도록 해준다. 게임과 함께하는 삶은 오늘날 거의 일상이 되었고, 그 결과 게임은 도처에서 우리를 유혹한다. 더욱이 그 유혹의 강도를 극대화하기 위해 첨단기술을 최대한 동원하는 모양새다. 멀티미디어 통신, 인공지능, 증강현실, 가상현실 등 각종 실감 기술이 그것이다. 게임 시장이 점점 커지고 게임 관련 산업이 급성장하면서 이런 일은 더욱 극적으로 이루어지고 있다. 그리하여 최근에 개최된 여러 게임 이벤트는 마치 첨단기술의 전시장처럼 보일 정도다.

2023년 11월 서울 고척돔에서 개최된 '롤드컵 결승전'[5]이 그중 하나였다. 이 대회의 개막식은 현존하는 첨단 ICT기술이 모두 구현된 한판의 놀이마당이었다. 만일 디지털시대 이전에 살았던 인간이 그 무대를 보았다면 '무(無)에서 유(有)를 창조하는(creatio ex nihilo)' 기적을 보았다고 말했을 것이다.

롤드컵 결승전의 무대 공간은 환상적인 캐릭터, 형상, 노래와 음악으로 채워졌고 실제 인물과 가상의 인물이 뒤섞여 몽환적 세계를 만들어냈다. 거대한 배경화면 속에서 움직이던 인물이 갑자기 화면을 깨뜨리고 무대 위로 튀어나왔으며, 거대한 괴물 형상의 홀로그램이 객석 중간에서 솟아오르더니 무시무시한 창을 휘둘렀다. 현장의 관객들은

---

[5] 롤드컵은 '리그 오브 레전드(League Of Legend) 월드 챔피언십'을 월드컵에 빗대어 부르는 약칭이다. 롤드컵 결승전은 유튜브에서 볼 수 있으니 한번 찾아보길 권한다.

현존하는 첨단 ICT기술이 총집합한 '2023 롤드컵 결승전' 현장
자료: 유튜브 캡처

    이 놀라운 무대장치, 소품들과 한데 어울려 자신들이 마치 롤(League of Legend) 세계의 한가운데에 자리하고 있는 듯 느꼈다.

    그런가 하면 게임은 다양한 미디어 채널을 넘나들며 그 잠재력을 마음껏 발휘하고 있다. 일례로 인기 게임 〈슈퍼 마리오 브라더스〉는 영화로 제작되어 2023년 4월 개봉한 지 한 달여 만에 전 세계에서 1조 원 넘는 흥행 수익을 기록했다. 또한 우리가 익히 잘 알고 있는 영화 〈툼레이더〉, 〈레지던트 이블〉, 〈던전앤드래곤〉도 모두 게임의 스토리와 캐릭터를 바탕으로 제작된 것들이다. 나아가, 게임에 쓰인 음악들까지 인기를 얻어 음원 수익으로 이어지고 있으며 관련 캐릭터들이 광고, 이벤트 등 다양한 분야에서 활동하고 있다.

영화 〈슈퍼 마리오 브라더스〉 포스터

게임세계, 21세기의 신대륙

오늘날 게임은 현실과 가상세계 간의 거리를 좁히는 가장 유력한 수단이라고 말할 수 있다. 끝없이 광활한 가상의 대륙을 현실에 접목시키는 일은 콜럼버스가 신대륙을 발견한 사건을 능가하는 인류사의 새로운 기원이 될 것이다.

디지털세계의 개화와 더불어 발견된 게임이라는 신대륙은 많은 인간으로 하여금 전혀 새로운 현실에 직면하도록 만들 것이다. 이 새로운 현실 속에서 인간은 이전에 생각지 못했던 엄청난 가능성에 도전하며 자기 자신의 존재마저 새롭게 정의하게 될 터이다.

비록 지금은 게임이 가상의 세계 안에 국한된 것이라 할지라도 지속적으로 현실과 맞닿다 보면 어느 시점부터 그것은 새로운 현실로 부상하게 될 수밖에 없다. 게임을 둘러싼 새로운 개념과 용어가 생겨날 것이고, 게임을 매개로 현실의 인간관계가 새롭게 생겨나거나 변화할 것이다. 이런 일이 반복되다 보면 그것은 어엿한 현실의 일부가 되며 마침내 새로운 현실이 된다. 이 과정은 콜럼버스가 신대륙을 발견했을 때 구대륙에 일어난 일들과 다를 것이 없다. 실제로 당시 아메리카 신대륙의 영향력이 확대되면서 그것이 역으로 오히려 유럽 구대륙의 현실에 접목되었다. 다만 과거 콜럼버스의 신대륙과 게임이라는 오늘날의 신대륙 사이에 다른 점이 있다면 양자가 접목되는 시간이 과거와는 비교할 수 없을 정도로 단축되었다는 점이다. 실제 디지털게임이 인간의 새로운 선택지로, 새로운 현실로 부상하는 속도는 점점 더 빨라지고 있다.

디지털게임의 실행에서 흥미로운 것은 게임에 참여한 인간들이 게임세계를 한갓된 가상으로서 능히 파악할 수 있음에도 마치 현실세계를 대하는 것처럼 진지하게 인식한다는 점이다. 심지어 디지털게임의 가상적 성격이 기술적 한계 등으로 인해 완벽하게 구현되지 않더라도 이 점은 마찬가지다.

왜 그런 것일까? 우선, 인간의 인식 속에서 디지털세계와 현실세계가 점차 긴밀하게 연관되고 있기 때문이다. 예를 들어 디지털세계에서의 상실은 곧 현실세계에서의 상실이 되며, 한 세계에서의 흥미와 자극은 그대로 다른 세계에서의 흥미와 자극이 된다. 이미 각종 게임 아이템 구매 등을 통해 두 세계가 경제적으로 긴밀하게 연결되어 있음을 우리는 보고 있다.

또 하나의 이유는, 인간의 심리적 선택에 따른 것이다. 인간은 근본적으로 행복을 추구하며 살아가는 존재이며, 같은 값이면 언제나 즐겁고 재미있는 쪽을 선택하는 존재다. 비슷한 이유로, 인간은 자신에게 불리하거나 고통스러운 기억은 최대한 잊어버리는 방향으로 심리를 작동시킨다. 우리가 '지각방어(perceptual defense)'라 부르는 심리기제가 그것이다. 즉 인간이란 '눈앞의 재미를 위해 스스로 유혹당하기를 기꺼이 선택하는 존재'이다. 인간은 재미를 위해서라면 일부 감각적 사실의 진위 판별을 포기할 수 있으며 일부 감각을 아예 무시하고 넘어갈 수도 있다.

인간은 재미나 쾌락을 위해 많은 것을 희생할 준비가 되어 있는 존재인 것이다. 우리는 드라마나 영화를 볼 때 그것이 허구임을 명백히 알면서도 기꺼이 속고, 내용 전개에 맞추어 함께 화내고 울고 웃는다. 그리고 바로 이 '재미가 불러오는 착각의 힘'이야말로 향후 게임을 사회와 시대를 변화시킬 새로운 혁명적 사건으로 만들어내는 결정적 계기가 되리라고 생각한다.

'호모 루덴스'가 일으킨 또 하나의 거대한 혁명

인류는 역사상 몇 차례의 거대한 혁명을 경험했다. 농업혁명, 산업혁명, 정보화혁명이 차례대로 인간의 삶을 혁신적으로 변화시켰으며 얼마 전부터는 '제4차 산업혁명'이라는 말까지 생겨났다.[6] 최근 소리 없이 일어나고 있는 '게임 열풍' 또한 혁명이라 불리기에 부족함이 없을 듯하다. 물론 현재의 많은 게임이 소위 제4차 산업혁명기에 태어난 디지털기술을 기반으로 하는 것은 사실이다. 그러나 게임혁명은 지금까지 충분히 활용되지 않았던 인간 내면의 창조성과 자발성, 능동성을 일깨운다는 점에서 앞선 혁명에 못지않은, 아니 그 이상의 파괴력을 지녔다고 볼 수 있다.

게임혁명은 인간이 소유한 최대의 자발성, 즉 '재미'라는 에너지를 동원하여 다양한 분야에 전용(轉用)할 수 있는 새로운 가능성을 확인한 혁명이다. 기존의 혁명은 물질적 부를 획득하려는 목적으로 하드웨어 또는 소프트웨어 분야에서 혁신을 도모하는 것이었다. 그러나 게임이 불러올 혁신이나 변화는 기존의 혁명들과는 차원이 다르다.

게임혁명이 기존 혁명과 가장 크게 다른 점은 그 대상이 되는 게임이 '삶의 목적'이 될 수 있다는 데 있다. 기존 혁명들이 추구한 농업생산, 에너지, 정보기술 등은 삶을 윤택하게 만들기 위한 수단이었지 그

---

[6] 1차 산업혁명(증기기관), 2차 산업혁명(전기에너지), 3차 산업혁명(컴퓨터/인터넷 기반 정보혁명)에 이어 초연결, 초지능의 ICT 기반의 첨단기술혁명을 일컫는다.

자체가 목적은 아니었다. 그러나 게임이 추구하는 재미는 그 자체로 삶의 목적이 될 수 있다. 즉 게임혁명은 기존 혁명들에 비해 그 범위가 훨씬 넓고, 더 깊게 삶을 뒤흔들 수 있다는 의미다.

한마디로 게임은 인간에게 새로운 세계를 열어주고 새로운 삶을 선사해준다. 혁명의 정의가 개인의 삶과 사회의 운행 방식을 크게 바꾸는 것이라면 게임은 기존의 그 어떤 혁명 못지않게 어마어마한 영향력을 개인의 삶과 사회에 미칠 수 있다. 게임은 인간의 언어, 생각, 태도를 바꾸는 힘을 지녔기 때문이다.

게임이 단지 수단에 그치지 않고 목적이 된다는 것은 그것이 인간 내면에서 용솟음치는 자율적 동력을 갖게 된다는 뜻이기도 하다. 일찍이 공자는 《논어(論語)》〈옹야편(雍也篇)〉에서 "아는 사람은 좋아하는 사람만 못하고, 좋아하는 사람은 즐기는 사람만 못하다(知之者不如好之者, 好之者不如樂之者)."라고 말했다. 이는 어떤 일에 대해 단순히 아는 것보다 그것을 좋아하는 것이, 좋아하는 것보다 그 일을 즐기는 것이 더 낫다는 의미를 담고 있다. 지금까지의 역사가 대부분 노력하는 자가 승리해온 시간이었다면 디지털기술이 개화한 21세기는 즐기는 자가 승리자가 되는 시대이다.

네덜란드의 문화사가이자 철학자인 요한 하위징아(Johan Huizinga)가 호모 사피엔스(Homo Sapiens; 이성 인간)를 대신해 '호모 루덴스(Homo Rudens; 놀이하는 인간)'라는 개념을 제시했을 때 그가 염두에 둔 것도 바로 그 점이었다. 하위징아는 모든 인류 문명의 근거를 놀이에서 찾았다. 놀이야말로 창조의 근원이며 놀이를 즐기는 과정에서 문명이 발전한다는 것이다. 그는 사회적 질서의 외형이 매우 이성적이고 논리적인 것으로 보여도 그 바탕에는 '신명나는 놀이'가 자리 잡고 있다고 주장한다.

만일 인간이 놀이를 즐기지 못한다면 어떻게 될까? 예를 들어 인간의 삶에서 놀이가 빠지고 그저 생산에만 몰두해야 한다면 어떤 일이 벌어질까? 하위징아는 그러한 일이 이미 역사 속에서 일어났다고 단언했다. 즉 영국의 산업혁명을 필두로 19세기 유럽 전반에 도입된 자본주의적·제국주의적 생산방식이 사회를 지배하게 되면서, 인간은 '놀이하는 인간'에서 '생산하는 인간(Homo Faber)'으로 변모하게 되었고, 그 결과 역사상 가장 끔찍한 재앙인 두 차례의 세계대전이 발생했다는 설명이다. 그는 인류 역사에서 곧잘 나타나는 폭력적 상황과 비인간적 질서에서 벗어나려면 '놀이하는 인간'으로서의 면모를 회복하는 수밖에 없다고 보았다.

'게임하는 자본주의'가 만들어갈 더 나은 미래

게임혁명 시기에 게임은 자투리 시간에나 즐기는 유희나 킬링타임용 수단에 불과한 것이 아니다. 게임의 임팩트가 너무 크기 때문이다. 삶 속에서 게임이 차지하는 비중이 늘어나는 만큼 그 영향력도 확대될 수밖에 없다. 오늘날 삶은 수없이 많은 크고 작은 게임들의 흐름 속에 맡겨져 있다 해도 과언이 아니다. 자신이 어떤 종류의 게임을 하느냐의 문제가 곧 자신이 어떤 종류의 인간이 되느냐의 문제가 될 수 있다.

이 시대에 게임은 인간에게 피할 수 없는 운명 같은 것이다. 우리 모두는 이미 저마다 어떤 종류의 게임에 발을 들인 채 살아간다. 앞으로도 삶은 점점 더 빠른 속도로 게임화할 것이며 게임의 논리가 더 강력하게 삶을 지배하게 될 것이다. 이를 보다 시대정신에 맞게 표현하자면, 향후 '게임의 논리'는 현재 인간의 삶을 지배하는 거의 유일한 힘인 '자본의 논리'와 이합집산을 거듭하며 인간의 생각, 가치, 태도를 좌지우지하게 될 것이라 말할 수 있다.

문화평론가 진중권은 자본주의와 게임이 함께하게 될 미래에 대해 비교적 낙관적인 태도를 취하면서, 19세기의 생산 자본주의 시대의 도래와 함께 거의 소멸했던 호모 루덴스가 21세기 디지털시대를 맞아 역사 속으로 복귀할 것이라는 희망적 전망을 펼친다.

> '생산 자본주의'에서 '소비 자본주의'로 바뀌고, 이것이 디지털기술을 만나 '유희 자본주의'로 전개될 것이다. 디지털시대를 맞아 하위징아의 호모 루덴스가 복귀하는 것이다.[7]

또한 문화평론가이자 게임기획자인 오영진은 소설, TV, 영화 등이 지금까지 자본주의 사회 형성에 기여한 성과를 나열한 뒤 게임이야말로 21세기에 자본주의를 완성하는 새로운 계기로서 작용할 것이라 평

---

7 진중권 (2016), 《진중권의 테크노 인문학의 구상》, 창비.

가하고 있다.

> 서구의 18세기 소설이 부르주아 인격을 배양한 것처럼, 20세기 TV와 영화가 산업 소비주의를 대중에게 훈련시킨 것처럼, 21세기의 게임은 전 지구적 자본주의를 구성하는 리허설이 된다.[8]

그렇다면 '놀이하는 자본주의' 또는 '게임하는 자본주의'는 어떤 모습을 하게 될 것인가? 많은 평론가가 게임을 올바르게 활용하면 빡빡하기 이를 데 없는 현재의 자본주의가 좀 더 여유로움을 갖게 될 것으로 전망하고 있다. 사실 지금까지도 학자들은 자본주의의 경직성을 누그러뜨리기 위해 '따뜻한 자본주의', '인간의 얼굴을 한 자본주의', '제3의 길' 등을 제안해왔으나 이들을 현실화하는 데는 상당한 어려움을 겪어왔다. 오히려 20세기 후반 사회주의 체제가 붕괴의 길을 걸으면서 신자유주의라는 더 강경한 형태의 자본주의가 위세를 떨친 것이 현실이다.[9]

이러한 상황에서 게임은 자본주의 일변도인 이 시대에 한 줄기 숨통을 틔워주는 대안이 될 수 있을 것으로 예상한다. 어느 시대, 어떤 인간도 '재미'를 거부하기란 좀처럼 어려울 것이기 때문이다. 게임의 재미가 삶의 목적이 될 뿐 아니라 목적을 달성하는 수단으로서도 제 기

---

[8] 오영진 (2016). "유희 자본주의와 컴퓨터 게임". 《진보평론》. 2016년 여름호 제68호.
[9] 독일의 철학자 위르겐 하버마스(Jürgen Habermas)는 이러한 현상을 '생활세계의 식민화'라 지칭한 바 있다.

능을 한다면 아마도 자본주의 또한 그 성격을 달리하게 될 것이다.

본래 자본주의는 자유 거래를 통한 교환, 그리고 그 장으로서 시장을 존재 기반으로 삼는다. 그런데 이제 21세기 인간은 시장보다 게임 속에서 더 생생한 모습의 타인을 만날 가능성이 크다. 왜냐하면 게임 속에는 개개인의 스토리가 있고 그러한 스토리를 접하면서 사람들이 서로를 공감할 수 있을 것이기 때문이다. 그렇다면 이러한 게임의 장을 통해 기존의 경직된 자본주의는 '재미있고 인간적인 자본주의'로 진화할 수 있을 것이며, 이는 누구도 거부하기 어려운 매력적 대안이 되리라 짐작할 수 있다.

디지털화와 게임화가 동시에 급물살을 타고 있는 오늘날, 인류는 새로운 자본주의의 초입 단계에 와 있는 것으로 보인다. 물론 역사상의 모든 위대한 발명이 그러했듯 게임의 미래도 이를 현실화하는 인간들의 태도에 따라 크게 달라질 수 있다. 이 책에서 그리고자 하는 비즈니스의 게임화는 '게임하는 자본주의'의 미래를 엿보게 해줄 유력한 한 단면일 것이다.

2장

게임,
어떻게 일상이 되었나?

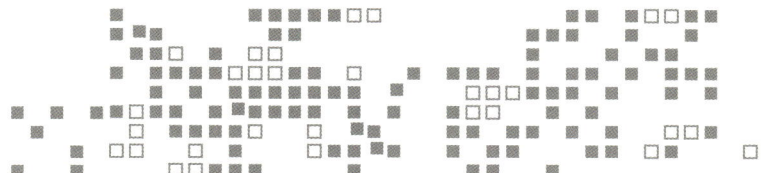

이미 시작된 '삶의 게임화'

오늘날 우리의 일상이란 '게임에서 게임으로' 연결되는 시간들이라 해도 과언이 아니다. 다음은 주변에서 흔히 볼 수 있는 평범한 직장인의 하루다.

그는 아침에 출근할 때 버스나 지하철에서 모바일 게임을 하곤 한다. 사무실에 도착할 무렵 부근 카페에서 모닝커피를 한 잔 마시곤 하는데, 마침 이날은 이전에 받아둔 쿠폰에 도장 10개가 채워졌으므로 공짜로 커피를 제공받는다.[10] 커피를 마신 후 사무실에 들어서니 영업팀별 성과를 기록한 실적 그래프가 입구 전면의 벽에 붙어 있다. 월말이 가까워지면서 실적 경쟁이 더욱 치열해지고 있음을 잘 보여주고 있다.

업무가 시작되자 그가 속한 팀은 회의실에 모여 어떻게든 실적 경쟁에서 선두를 차지하여 매달 주어지는 인센티브를 받고자 열띤 회의를 한

---

[10] 카페에서 쿠폰을 활용해 공짜 커피를 마시는 행위도 목표를 달성한 후 보상을 받는다는 점에서 일종의 게임이라 볼 수 있다.

다. 회의가 끝나면 팀원들은 단골 고객을 만나러 나가거나 신규 거래처를 소개받는 등 영업 활동을 시작한다.

오전 근무가 끝나면 점심을 먹고 남는 시간에는 듀오링고(Duolingo)로 영어 공부를 한다. 듀오링고는 퀘스트를 돌파하는 게임 형태로 진행되는 어학 학습 앱이다. 우수한 성적을 내면 승급이 되고 지지부진하면 강등의 수모를 겪어야 한다. 어학 학습을 마치고 자투리 시간을 이용해 데이트 상대를 소개해주는 앱인 틴더(Tinder)에 들어가 데이트 후보 이성들을 살펴본다. 사용자는 서로 스토리를 주고받으며 데이트 상대를 고르는데 사용자들 간 경쟁 요소가 가미되어 있어, 일방적으로 상대를 소개해주던 기존의 데이팅 앱보다 훨씬 더 스릴과 재미가 느껴진다.

오후 업무시간에도 회사 내 실적 경쟁은 계속된다. 업무가 끝날 즈음이면 그날 하루의 팀별 실적이 회사 앱을 통해 확인된다. 현재까지의 실적은 나쁘지 않아 이번 달 인센티브 획득에 청신호가 켜진 듯하여 마음이 가벼워진다. 내일 아침이면 이 결과가 벽면 그래프에 반영되어 있을 것이다.

퇴근시간이 되었다. 오늘은 컨디션이 나쁘지 않은 것 같으므로 나이키 플러스(Nike+) 앱을 켜고 집까지 달려가보리라 결심한다. 벌써 앱에서는 아는 얼굴들 몇몇이 열심히 달리기 경주를 벌이고 있다. 참가자들은 달리는 시간, 거리, 참가 횟수, 소모된 칼로리 양 등을 두고 경쟁을 벌인다. 성적이 나쁘면 다른 참가자들로부터 격려 메시지가 오고 성적이 좋으면 박수갈채와 환호가 터져 나온다. 오늘은 컨디션이 괜찮은 덕분인지 양호한 기록으로 집까지 달려올 수 있었다.

집에서 저녁 식사를 마친 후 책상에 앉아 최근 구입한 콘솔 게임을 시작한다. 5인이 한 팀이 되어 벌이는 슈팅 게임인데 각자 자신의 아바타로 참여하므로 지난 몇 달을 함께 활동했어도 실제 모습으로 대면한 적은 없다. 이름과 직업 정도만 아는 사이이다. 그렇지만 일단 게임이 시작되면 같은 팀으로서 목숨을 걸고(?) 전우애를 발휘한다. 팀원의 지원사격을 받으며 앞으로 전진할 때면 그의 엄호를 절대적으로 신뢰해야 한다. 때로는 게임에 너무 몰입해 방이 떠나가라 소리를 지르기도 한다. 시간을 잊은 채 게임을 하다 밤이 깊어지면 아쉬운 마음을 뒤로하고 마침내 잠자리에 든다.

어찌 보면 특별한 것 없는 평범한 하루이지만 거의 모든 시간이 게임으로 채워져 있음을 알 수 있다. 출퇴근길도, 회사 일도, 여가시간도 한결같이 어떤 종류의 게임으로 점철되어 있다.

사실 삶의 게임화는 어제오늘의 일이 아니다. 게임화(gamification)라는 용어가 옥스퍼드 사전 '올해의 단어 목록'에 추가된 것이 벌써 2013년의 일이며, 다음 해 글로벌 조사기관 가트너(Gartner)는 게임화 기술을 그해에 '최고로 떠오르는 기술'로 선정했다.[11]

게임과 일상의 밀접한 관계를 보여주는 것으로 미국 해빗RPG(HabitRPG) 사가 개발한 '해비티카(Habitica)' 게임이 있다. 이 게임의 취지는 게임을 하면서 일상의 생활습관을 바꾸는 데 있다. 게임을 진행하

---

11 Redefine Gamification to Understand Its Opportunities and Limitations (2014. 4. 3). Gartner.

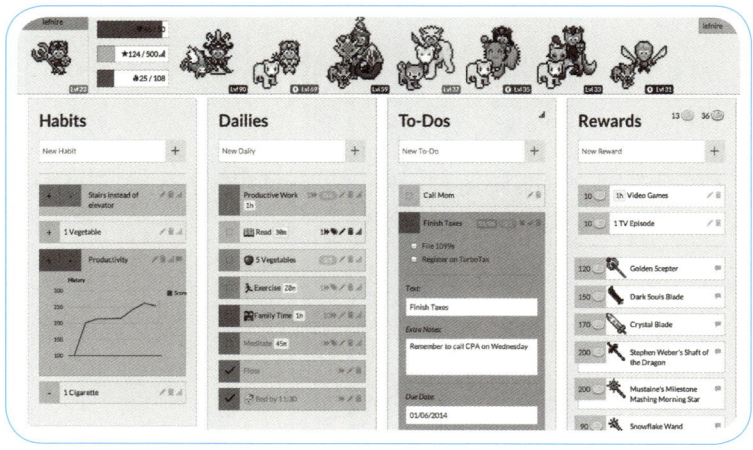

게임을 하면서 바람직한 습관을 몸에 익힐 수 있는 '해비티카' 게임 화면.
자료: 해비티카

는 동안 과거의 좋지 못한 습관을 버리고 점차 바람직한 습관을 몸에 익힐 수 있게 되는 것이다. 정크 푸드 먹지 않기, 친절하게 말하기, 하루 만 보 걷기, 운전 시 무리하게 끼어들지 않기, 자기 전에 양치하기 등이 바람직한 습관의 대표적 예다.

해비티카 게임의 사용자는 반복적, 주기적으로 해야 하는 일에 대해 '일일 과제(dailies)'를 만들고 과제를 끝낼 때마다 경험치, 골드, 아이템 등의 보상을 받는데, 난이도가 높은 과제일수록 보상이 커진다. 이용자들은 업무도 사생활도 게임하듯 해나가면서 자연스럽게 자신의 습관을 원하는 방향으로 길들일 수 있게 된다.

습관을 바꾸는 일이란 얼마나 어렵고 그 과정은 또 얼마나 지루한가!

그러나 이 '습관 바꾸기' 게임에는 2021년 기준 400만 명이 가입하여 그 어려운 일에 도전하고 있으며, 해빗RPG 사는 약 800만 달러 매출을 올리고 있다. 이 게임은 그야말로 유카이 초의 말처럼 '많이 하면 할수록 유익한 게임'인 것이다.

경희대학교 경영대학원의 김상균 교수는 일상이 게임화되는 시대적 변화를 '경험경제의 부상'이라는 말로 설명한다.[12] 글로벌 경제의 판도는 농업에서 상업으로, 상업에서 제조업으로, 이후에는 서비스업으로 변화했다가 최근에는 경험경제의 국면으로 진입했다는 것이다. 이제 시장의 주도권은 소비자에게 참신한 경험과 스토리를 선사하고 이를 통해 몰입을 유도하는 기업으로 넘어가게 되었는데, 김 교수는 그 방법으로 게임만 한 것이 없다고 단언한다.

와튼스쿨 교수 케빈 워바흐(Kevin Werbach) 등은 최근의 게임 붐을 설명하면서 "요즘 젊은이들은 학교생활, 여행, 직장, 연애 등에 대해 설명할 때 종종 게임 속의 용어를 사용한다."라고 말했다.[13] 때로는 그러한 방식의 설명이 듣는 쪽에서도 훨씬 이해가 쉽기 때문이라는 것이다. 실제로 우리나라 사람들이 일상에서 흔히 사용하는 '득템', '만렙', '사기캐' 등의 용어도 모두 게임에서 쓰이던 것들이다. 게임 플레이어들이 자주 쓰는 용어가 일반인들 사이에서도 널리 퍼졌다는 이야기다. 향후 게임이 일상생활에서 더 친근한 것이 될수록 이러한 일도 확산될

---

[12] 김상균 (2019). 《가르치지 말고 플레이하라》. 플랜비디자인.
[13] 케빈 워바흐·댄 헌터 (2013). 《게임하듯 승리하라》. 강유리 역. 매일경제신문사.

것이며, 조만간 전 세대를 아우르는 현상이 될 수도 있다.

게임은 현실이고, 현실 또한 게임이다

예전에는 게임 속 세계가 현실과 단절된 세상이라 여겨졌다. 부모들이 자녀가 게임세계에 빠져드는 것을 극력 반대한 것도 그것이 현실도피의 수단이 된다고 생각했기 때문이다. 하지만 요즘은 사정이 많이 달라졌다. 아이들은 게임을 통해 모험심과 창의성을 키운다. 뒤에서 살펴보겠지만 일부 학자들은 적절한 수준의 게임은 긍정적 호르몬 분비를 촉진해 플레이어에게 심리적 안정감을 제공하고 기억력도 향상시킨다고 주장한다.

사정이 이렇다면 자녀가 게임하는 것을 무조건 반대할 일이 아니라 차라리 부모가 게임을 잘 이해하여 어떤 게임이 자녀의 성장에 도움이 될지 제대로 알아보는 편이 낫지 않을까?

오늘날의 게임은 날로 정교해져 게임 속에 등장하는 사물들이 사람의 눈과 귀로 구분하기 어려울 정도로 현실감 넘치며 사실적이다. 특히 닌텐도의 '포켓몬 고(Pokémon Go)'처럼 증강현실을 활용한 게임에서는 현실과 가상이 거의 끊김 없이 하나의 세계로 연결되어 있다. 게다가 우리의 뇌는 현실과 가상을 구분하는 데 그다지 적극적이지 않다고 한다. 재미만 보장해준다면 뇌는 언제나 게임에 몰입할 준비가 되어 있다는 이야기다.

그렇다면 게임과 현실의 관계에 대해 다시 생각해보지 않을 수 없다. 《게임의 사회학》을 쓴 이은조는 "가상세계 속에서 수행하는 사람들의 다양한 활동은 표면적으로 보면 그저 유희를 추구하기 위한 행동 같았으나 실상은 현실세계에서 우리가 하는 행동과 크게 다르지 않았다."라고 주장한다.[14] 그는 책의 말미에서 현실과 게임의 관계에 대해 다음과 같은 흥미로운 주장을 펼친다.

> 영화 〈매트릭스(The Matrix)〉에서 모피어스는 네오에게 매트릭스 속 가상세계에서 깨어나 현실세계로 나오라고 일깨운다. 하지만 다른 시각에서 바라보면 가상세계는 현실과 동떨어진 허상이 아닐지도 모른다. 자신들이 살아가는 대륙이 전부라 생각했던 유럽인이 신대륙을 발견하고 세계관이 확장되었듯, 지구가 우주의 중심이라 생각했던 이들이 지동설을 통해 생각의 틀을 깨고 우주로 나아갈 수 있었듯, 우리가 현실세계만이 실체라는 틀을 깨고 가상세계로 한 걸음 나아간다면 그 앞에는 기존에 미처 알지 못했던 새로운 가능성이 펼쳐져 있을 것이다.[15]

게임 속에는 재미와 유희만 있는 것이 아니다. 그곳에도 현실세계와 마찬가지로 실패와 좌절이 존재하기 때문에 성취는 값지고 유희는 즐거움이 될 수 있다. 사람들은 흔히 '인간이 살아가는 곳은 어디나 마찬

---

[14] 이은조 (2022). 《게임의 사회학》. ㈜휴머니스트출판그룹.
[15] 이은조 (2022). 《게임의 사회학》. ㈜휴머니스트출판그룹.

가지다.'라고들 말한다. 이 말은 게임에도 해당한다. 게임은 현실을 살아가는 우리에게 주어지는 또 하나의 '현실적' 선택지이다. 게임의 종류가 무수히 많다는 걸 생각하면 그만큼 무수히 많은 선택지가 우리 앞에 있는 셈이다. 그러므로 하나의 현실이 우리와 맞지 않다고 여긴다면, 얼마든지 또 다른 현실을 선택할 수 있는 것이다.

이은조는 게임과 현실의 긴밀한 관계를 바탕으로 또 다른 흥미로운 이슈를 제기한다. 즉 게임이 현실 속 인간을 이해하는 중요한 수단이 될 수 있다는 것이다. 앞서도 언급했듯 게임 속 인간과 현실 속 인간은 전혀 별개의 존재가 아니기 때문이다.

> 어쩌면 가상세계를 연구하는 것이 현실세계를 이해하는 데 도움이 될지도 모르며, 심지어 그동안 사회과학이 갖고 있던 한계를 돌파하는 데 중요한 역할을 할지도 모른다.[16]

이은조가 게임을 분석함으로써 인간을 이해할 수 있다고 주장하는 근거는 세 가지다. 첫째 인간의 심리는 게임세계에서나 현실세계에서나 크게 다르지 않다는 점이다. 게임에 몰두한 사람이 게임 속이라 해서 평소와 크게 다른 방식으로 사고하지는 않기 때문이다.

둘째로 게임 속에서 인간의 모든 행위는 디지털 데이터로 남는다. 오늘날 대부분의 연구에서 데이터의 존재는 매우 중요하다. 인간 행위와

---

[16] 이은조 (2022), 《게임의 사회학》, ㈜휴머니스트출판그룹.

관련된 데이터는 그 양이 많으면 많을수록 인간을 분석하는 데 더 유용한 도구가 되어줄 것이다.

셋째로 게임 속에서는 현실에서는 불가능한 일들을 마치 실제처럼 구현할 수 있고, 따라서 현실세계에서는 과감히 도전해볼 수 없는 다양한 실험을 통해 인간의 선택과 반응을 생생하게 확인해볼 수 있다. 게임세계는 자원과 규제의 제약에서 자유롭기 때문에 현실에서는 꿈도 꿀 수 없었던 많은 모험적인 일이 게임세계에서는 가능해지는 것이다. 이를 통해 인간은 내면에 숨겨졌던 자신의 본모습이나 타자들의 내밀한 욕망을 발견할 수 있게 된다.

지금까지 심리학, 사회학, 문학 등 소위 인문학은 인간을 이해하고 다양한 인물을 창조하는 데 많은 공을 들여왔는데, 이젠 게임이 그러한 노력에 새로운 지평을 열어주는 도구가 될 수 있다. 게임에서 인간은 군인도, 오지 탐험가도, 부자도, 극빈자도 될 수 있다. 게다가 이것은 단지 사고실험(thought experiment)이나 개념적 묘사(description) 차원이 아니라 스토리를 가진 경험의 차원에서 겪을 수 있는 일이다. 이미 해외에서는 이러한 주제로 연구가 활발히 이루어지고 있으며 유력 학술지에 관련 논문들이 게재되고 있다.[17]

이렇듯 오늘날에는 게임의 역할이 이전에 비해 훨씬 고도화되었다. 과거 게임은 단순한 현실도피나 기분전환, 킬링타임의 용도였으나 이

---

[17] Castronova, E. (2001). Virtual Worlds': A First-Hand Account of Market and Society on the Cyberian Frontier. Social Science Research Network. 이 논문은 게임을 통한 인간 및 사회 이해의 원조 격이라는 평가를 받는다.

제 게임은 인간의 잠재성을 일깨우고 성장시키며, 동기부여를 촉진하고, 나아가 인간 자체를 이해하는 중요한 학문적 수단이 되고 있다. 현대인들은 삶 속에서 게임의 비중을 지속적으로 늘려나가면서 새로운 게임 장르가 추가될 때마다 그것을 매번 새롭게 정의하지 않으면 안 되는 시대를 살고 있다.

게임을 일상으로 만든 세 가지 요인

오늘날 게임이 우리 일상의 중요한 한 부분으로 자리 잡는 데는 크게 세 가지 요인이 작용했다. '디지털기술의 발전', 'MZ세대의 출현', '코로나19 팬데믹'이 그것이다. 이러한 요인이 일상의 게임화에 어떻게 구체적으로 영향을 미쳤는지 그 전후사정에 대해 간략히 살펴본다.

① 디지털기술의 발전

과거와 달리 최근의 게임이 놀이와 근본적으로 다른 성격을 갖게 된 가장 중요한 요인은 디지털기술의 발전이다. 즉, 게임이 우리의 일상 속에 광범위하게 파고들 수 있었던 것은 디지털기술이 가진 탁월함 덕분이다.

디지털기술은 인류에게 새로운 가상 대륙을 선사했고, 아무리 사용해도 자원이 줄거나 사라지지 않는, 아니 오히려 증대하는 '수확체증의 세계'를 열어주었다. 이 점은 매우 중요한 의미를 갖는다. 인간은 지구상에 출현한 이후 지금까지 자원을 사용할수록 줄어들고 비용도 상승하는 '수확체감의 세계' 속에서 살아왔다. 다시 말해, 현재 우리가 경험하는 문명적 질서나 윤리 감각은 모두 수확체감의 세계에서 살아온 결과로 형성된 것이라 볼 수 있다. 수확체감에 기반한 경제학의 근간인 '희소성의 원리'가 현재 우리의 사고방식, 타인과 자연을 대하는 방식을 결정지었다. 하지만 디지털기술에 토대한 수확체증의 세계가 열리면서 우리의 사고방식 자체가 근본적으로 바뀌게 될 것이다. 왜냐하면 디지털이라는 또 하나의 대륙이 열린 셈이기 때문이다.

디지털 대륙은 현재 우리가 살아가는 지구라는 땅덩어리보다 그 면적이 훨씬 넓고, 무한 복제가 가능하며, 앞으로 얼마든지 새롭게 창조될 수가 있다. 지금 이 순간에도 그 공간에는 수십 수백만 명의 인간이 거주하고 있다. 그들이 연신 울고 웃으며 각종 다양한 게임에 몰두하고 있으며 독립된 환경 속에서 나름의 생활을 이어가고 있는 것이다.

디지털기술은 멀티미디어, 통신, 실감형 기술, AI 등 게임에 필요한 첨단기술의 발전을 견인하여 게임의 일상화를 촉진했다. 특히 인터넷과 스마트폰, AI의 출현에 의해 게임 산업이 비약적으로 성장했다. 인터넷의 등장이 사람 간의 커뮤니케이션 채널을 다양화하고, 스마트폰이 언제 어디서든 이용자들로 하여금 여러 가지 콘텐츠를 활용할 수 있도록 했다면, AI는 게임 속 인간의 판단을 보조하며 더 많은 선택지를 만들어냈다.

20세기의 게임 발전사에서 확인해볼 수 있듯 새로운 기술이나 하드웨어가 등장하면 반드시 그것과 관련된 게임이 나타나곤 한다. 때로는

디지털게임의 발전사

▶ 1940년대: 제2차 세계대전이 막바지로 치닫자 미국 국방부는 전투기 조종사를 신속히 육성하기 위해 실제에 가까운 공중전 상황을 모사한 컴퓨터 시뮬레이션 게임을 개발했다.

▶ 1950~1960년대: 기존의 진공관을 대체하는 집적회로가 발명되어 디지털기술의 씨앗이 싹튼 시기다. 텍스트 형태의 아케이드 게임이 등장해 주류를 차지했다.

▶ 1970~1980년대: 1970년대에는 가정용 콘솔 게임이 출현했으며, 1980년대에는 PC 보급과 함께 PC 게임이 널리 확산되었다.

▶ 1990년대: 인터넷 보급으로 온라인상에서 게임을 구현할 수 있게 되면서 다양한 온라인 게임이 출현했다. 인터넷이 전 세계 시장을 통합하자 게임이 질적·양적 측면 모두에서 급속히 성장했으며, 본격적인 '개발자 시대'가 열렸다.

▶ 2000년대: 모바일 기기 사용이 일상화하면서 모바일 게임이 출현했고, 2020년을 전후해 메타버스가 본격화되자 로블록스를 필두로 메타버스 환경에서 게임을 즐기는 시대가 열렸다.

게임을 하기 위해 기술이 발전한 것 아닌가 생각될 정도다. 게임을 하려는 욕망이 기술과 문명의 발전을 초래한다는 이런 생각을 단순한 가설 수준이 아니라 매우 체계적으로 주장한 인물이 실제로 존재했는데, 앞서도 언급한 하위징아가 바로 그 사람이다. 하위징아는 역사 발전의 전 과정을 통해 인간이 이룩한 문명은 결국 놀이와 유희의 산물이라 주장했다.

오늘날 디지털기술은 게임에 새로운 지평을 열어주며 인간의 삶이 다시금 놀이와 게임으로 풍부해질 가능성을 보여주고 있다. 비교적 최근의 기술인 5G, AR/VR/MR, 인공지능, IoT, 블록체인, 애널리틱스(Analytics) 등은 게임이 지닌 잠재력을 거의 무한대로 구현할 수 있는 기반을 제공했다. 넥슨의 전 부사장 김대훤은 "디지털기술을 통해 게임 영역은 거의 무한히 넓어져 향후 게임이라는 말을 대체할 새로운 용어가 필요하게 되었다."라고 주장했다.[18] 이는 게임의 장르가 파격적으로 확대될 때마다 게임의 정의도 새롭게 내려져야 한다는 주장으로 들린다.

실감나는 그래픽과 함께 이용자의 스토리 참여를 가능하게 한 인터랙티브 게임[19]은 이용자들에게 더 깊은 몰입감을 제공한다. 3차원 그래픽 처리 기술과 사운드 기술, 메모리 기술, 데이터 로딩 속도를 줄여주는 하드웨어 기술이 합해져 더 놀랍고 생생한 게임 콘텐츠 개발을

---

[18] 2021년 6월 넥슨 개발자 콘퍼런스(NDC) 기조연설 중.
[19] 정해진 흐름을 따라가는 방식이 아니라 유저가 콘텐츠 내에서 하는 선택을 통해 독자적 엔딩에 이르게 되는 게임 장르.

촉진하는 것이다.

한편 디지털기술과 게임의 상호작용이 긴밀해지면서 각기 다른 영역에 속하던 레저나 취미들 간 경계가 점차 낮아지는 현상도 나타나고 있다. 가령 산과 관련된 레저와 바다와 관련된 레저는 현실에서는 접목이 거의 불가능하나 '마인크래프트' 같은 게임 속에서는 얼마든지 하나로 융합될 수 있다. 게임 속 주인공은 산과 바다의 경계에 구애받지 않고 자유롭게 장소를 옮겨 가며 과제를 수행한다. 산과 바다라는 환경의 특성을 크게 손상하지 않으면서도 게임이 자연스럽게 진행되도록 프로그래밍되어 있기 때문이다.

신기술 확산으로 인해 종래 교육과 마케팅 분야에서만 주로 활용되던 게임화 기법이 점차 건강, 금융, 사회 등 생활 전반으로 확장되고 동시에 융합되는 모습 또한 나타나고 있다. 일례로 2016년 출시된 '포켓몬 고'는 증강현실(AR) 기술과 닌텐도의 IP 조합으로 게임을 전혀 하지 않던 많은 사람이 게임을 즐기도록 유도한 바 있다. 이 게임은 재미와 건강을 동시에 달성시키는 색다른 여가활동이 되었으며, 게임을 매개로 세대를 초월한 소통을 가능하게 하여 가족 간에 그리고 친구들 사이에 전에 없던 형태의 즐거움을 선사했다.

디지털기술은 시공간 활용의 집약화로 삶의 편의성을 높이기도 하지만, 또 한편으로는 업무와 생활, 업무와 레저의 경계를 소멸하는 방식으로 게임 환경을 조성하기도 한다. 이 과정에서 게임은 이전까지 별개로 흩어져 있던 각종 기술을 통합해 시너지를 내는 중추적 역할을 수행한다.

'포켓몬 고' 게임 모습
자료: 포켓몬 고 라이브

　최근의 게임은 단순히 오락을 제공하는 콘텐츠에 그치지 않는다. 다양한 가치가 창출되도록 기능하는 게임의 플랫폼화가 급속히 진행되고 있다. 특히 클라우드, 5G 같은 기술의 발전은 기존의 PC-모바일-콘솔 게임 간의 경계를 지워버리는 추세다. 클라우드 게임 분야에는 기존의 게임 기업뿐 아니라 이동통신사, 플랫폼 기업, IT 제조 기업이 뛰어들어 생태계 장악을 위한 불꽃 튀는 경쟁을 벌이고 있다. 이들은 게임 분야를 먼저 장악해야 자사의 제품이 가장 유리한 방식으로 시장에 포지셔닝할 수 있다고 생각한다.

　이처럼 게임의 플랫폼화가 진행됨에 따라 향후 게임은 다양한 가치가 창출되는 사회적 공간이 될 뿐 아니라 신기술의 테스트베드로도 활용될 수 있다. 즉, 게임은 단순히 재미를 제공하는 콘텐츠가 아니라, 플랫폼의 형태로 이용자에게 다양한 분야에서 풍부하고 몰입감 있는 생활경험을 제공하게 될 것이다. 현재 게임 연구자나 학계, 기업과 전문기관은 게임을 '종합적 플랫폼'의 시각에서 다양한 기술과 산업 및 기업, 그리고 이용자가 상호작용하는 생태계로 활용하기 위한 연구를 활발히 진행하고 있다.

② 게임에 몰입하는 MZ세대

디지털 네이티브(digital native)라 불리는 MZ세대는 게임이 생활화되다시피 한 최초의 세대일 것이다. 인류 역사상 게임에 이토록 진심인 세대는 없었다고 해도 과언이 아닐 듯싶다. 일단 이들에게는 게임을 할 수 있는 시간이 과거 세대에 비해 많은 편이다. 최근의 워라밸(Work-Life Balance) 경향 등은 이들이 자신만의 시간을 확보하는 데 관심이 많다는 사실을 잘 보여준다. 더욱이 이들은 잠시의 시간도 그저 흘러가도록 두지 않으며 짬짬이 게임을 한다. 게임 회사들도 이에 맞추어 자투리 시간에 즐기기 좋은 형태의 게임을 제공한다.

MZ세대에게 게임은 유흥을 넘어 문화현상이자 생활의 일부이다. 그들은 가상세계와 현실세계를 명확하게 구분하지 않으며 가상세계 속 인간관계와 현실세계 속 인간관계가 크게 다르지 않다고 생각한다. 가령 그들은 가상세계에서 아이템을 훔치는 도둑이 현실세계의 도둑과 다를 것이 없다고 여긴다. 역할수행게임(RPG, Role Playing Game)을 즐기는 사람들의 경우, 그들 대다수는 게임에 참여하는 아바타에 관심이 있을 뿐 그 배후에 있는 실제 인물에는 그다지 관심을 두지 않는다.

그들은 게임을 하면서 친구를 만들고, 게임을 통해 컴퓨터 언어와 로직에 통달하며, AI와 소통하는 방법 역시 게임으로 학습한다. '마인크래프트'나 '로블록스' 같은 가상공간에 나라를 세우고, 집을 짓고, 지인을 초대하고, 경제활동을 수행한다. 그들은 게임에서 그저 재미를 찾는 데 그치지 않고, 참가자들과 적극적으로 교류하고 현실과 가상을 끊김 없이 넘나드는 지속성을 중시하는 경향이 있다. 즉, 게임 속 관계도 일시적인 데 머물지 않고 지속적 형태로 발전해간다는 것이다.

MZ세대가 총인구에서 차지하는 비중이 커짐에 따라[20] 게임의 일상화가 빠른 속도로 진행되고 있으며, 이것이 게임 산업은 물론 여타 산업의 풍경까지 크게 바꿔놓고 있다. 현재 게임 산업은 급속히 가치를 부풀리고 있는데, 글로벌 컨설팅사 액센추어(Accenture)는 2021년 기준 전 세계 게임 산업의 총가치가 영화·음악 시장을 합친 것보다 큰 3,000억 달러(약 356조 원)에 이른다고 추산했다.[21] 과거 게임 산업은 닌텐도 등 몇몇 예외를 제외하고는 대부분 중소·중견 기업들의 활동무대였으나 이제는 점차 글로벌 대기업 또는 플랫폼 기업들의 전장으로 변해가고 있다.

2021년 1분기 전 세계 게이머들은 매주 10억 개가량의 타이틀을 다운로드했고, 게임 관련 소비자 지출은 매 분기 수백억 달러에 달하며,[22] 글로벌 상위 10개 e스포츠 팀의 총가치는 24억 달러를 상회한다.[23] 이처럼 각광받는 게임세계에 게임 기업들만 눈독을 들이는 것은

---

[20] 갤럽의 조사에 따르면 2022년 현재 글로벌 총노동인구에서 MZ세대가 차지하는 비중은 약 35%이다.
[21] "30억 명이 빠진 360조 시장… 이젠 게임 모르면 돈 못 번다"(2023. 2. 24),《조선위클리비즈》.
[22] 대략적 예측치로, 정확한 수치는 알려지지 않았다.
[23] The Most Valuable Esports Companies 2020 (2020. 12. 7), *Forbes*.

MZ세대가 구현한 게임 속 생활세계

▶ 미국의 게임 제작사 에픽게임즈(Epic Games)는 '포트나이트(Fortnite) 게임'에 '파티 로열(Party Royale)' 기능을 추가하면서 메타버스 트렌드를 활용하고 있다. 게임 속에서 플레이어가 파티 로열에 참가하면 섬 안에서 패스트푸드 가게 등을 방문할 수 있고, 친구들과 채팅을 하거나 콘서트에도 참석할 수 있다.

▶ MS(Microsoft)는 주력 제품인 마인크래프트를 통해 메타버스 세계로의 전면적 진입을 꾀하고 있다. 미국 펜실베이니아대학, 버클리음악대학 등의 학생들은 마인크래프트 게임세계에서 자신들의 학교 건물을 실제와 동일한 모습으로 재현할 수 있었다.

마인크래프트 게임세계 속에 재현한 펜실베이니아대학
자료: 〈https://www.businessinsider.com/upenn-students-recreate-campus-in-minecraft-to-host-virtual-events-2020-4〉

아니다. 세계적인 명품 기업을 비롯해 다양한 소비재 기업들도 광고, 앱, 게임대회, 이벤트 행사 등을 통해 게임에 부가하는 형태로 자사의 브랜드를 노출시키고 있다.

디지털 엔터테인먼트 전문 조사기관인 DFC 인텔리전스(DFC Intelligence)는 2023년 현재 전 세계 게임 이용자가 총 37억 명으로 추산된다고 발표했다.[24] 2021년 액센추어는 게임 이용자 분석을 통해 기존 이용자는 61%가 남성, 79%가 25세 이상이었지만, 향후에는 신규 이용자의 60%가 여성이고 또 25세 미만이 30%를 차지할 것으로 예측했다.[25]

MZ세대는 향후 상당 기간 게임 시장의 주력 소비자가 될 것으로 보이는데, 이들은 활자보다 영상이 익숙하고[26] 상품 소유보다 경험 공유를 중시하는 특성을 갖고 있어 게임 소비 패턴에도 변화를 초래하고 있다. 게임을 통해 대중의 관심사를 파고드는 인기 크리에이터들이 탄생했고 이에 따라 기업들의 마케팅 방식도 달라지고 있다.

게임이 일상화되다 보니 젊은 세대의 장래 희망에서도 변화가 나타나고 있다. 2020년 국내 한 조사기관이 초중고 학생들의 직업 선호도를 조사했더니 게임 기획자, 게임 시나리오 작가, 게임 그래픽 디자이너, 게임 레벨 디자이너 등 게임 관련 직업군이 10위 이내에 다수 포진

---

[24] Global Video Game Consumer: Market Overview (2023. 4). DFC Intelligence.
[25] [WEBCAST]The future of playable learning with Accenture (2021. 11. 23). Attensi.
[26] MZ세대와 가장 근접한 서비스는 신문, TV, 라디오가 아니라 유튜브, 트위치, 틱톡 등 동영상 스트리밍 플랫폼이다.

한 것으로 나타났다.[27]

경영이나 업무에 게임화를 도입해야 할 필요성은 젊은 세대의 조직 내 태도에서도 잘 나타난다. 생활 속 재미를 중시하는 MZ세대는 기존의 전통적 조직문화나 업무 방식에 만족하지 못하는 경향이 있다. 글로벌 컨설팅 기관 딜로이트(Deloitte)가 세계 45개국 2만 2,928명을 대상으로 실시한 조사에 따르면 MZ세대의 71%는 자신의 업무 방식에 흥미를 느끼지 못하며, 44%는 업무를 수행하는 대부분의 시간에 스트레스를 느낀다고 응답했다.[28]

③ 코로나19로 인한 게임 인구 유입

디지털기술 발달과 MZ세대의 증가가 게임의 일상화에 커다란 계기가 된 것은 확실하다. 여기에 더하여 최근 전 세계적 재앙으로 불어닥친 코로나19가 게임 이용 확산에 결정적 촉매제가 되었다는 점은 누구도 예측하지 못한 시대적 아이러니였다. 전 세계를 강타한 코로나19가 3년 이상 지속되면서 비대면, 거리두기 등이 일상화되고 이로 인해 현실세계 활동이 제약을 받자 게임을 포함한 가상세계가 크게 활성화되었던 것이다.

사회적 고립감이 커진 상황에서 게임은 사람들 사이에 교류와 해방의 느낌을 선사했다. 기업은 게임화를 통해 자사 상품 및 서비스에 대

---

[27] 제1회 국제 게임화 컨퍼런스(2021. 12)에서 엠나인 아카데미 박성재 원장이 패널 토론 중 언급.
[28] "딜로이트 글로벌 2021 MZ세대 서베이" (2021. 2), Deloitte Insights.

한 고객반응을 이끌어냈으며, 학교는 온라인 수업에 익숙지 않은 학생들의 몰입감을 높이기 위해 게임요소를 활용했다. 팬데믹 기간은 그 이전까지 게임이 얼마나 진화되어 있었는지, 게임이 얼마나 재미있는지 미처 알지 못했던 사람들까지 게임을 경험하도록 하고 그것에 빠져들게 했다.

게임의 재미도 재미지만 장기화된 사회적 거리두기는 게임이 중요한 소통수단 중 하나로 인식되도록 만들었다. 즉 많은 사람이 게임을 가정 내에서 즐길 만한 엔터테인먼트로 활용하게 되자 지인들과의 커뮤니케이션 수단으로도 유용했다.

실제로 게임은 MZ세대의 의사소통 풍경을 바꾸어놓았다. 우선 그들은 게임을 할 때면 정신없이 바쁘다. 치열하게 게임을 진행하면서 언어와 문자로, 그것도 온갖 기호와 이모티콘을 활용해 빠르고 거침없이 자기 의사를 전달하곤 한다. 그들의 소통은 빠르고 공감각적인 모습으로 이루어지는데, 이는 지금까지 찾아볼 수 없었던 새로운 소통 방식을 창조해나가는 것이라 해도 틀린 말이 아니다.

코로나19 팬데믹 기간에 일어난 일 가운데 또 하나 특기할 만한 점은 게임에 대한 인식이 상당히 긍정적인 방향으로 전환되었다는 것이다. 이 기간에 세계보건기구(WHO)는 게임중독을 질병으로 간주하던 이전의 태도를 바꾸어 게임을 권장하는 캠페인을 실행했으며, 미국 식품의약국(FDA)은 게임을 정식 치료제로 승인하기도 했다. 짐작건대 '먹는 약' 대신 '게임 약'을 의사로부터 처방받는 시대도 멀지 않은 듯하다.

> ### 팬데믹 시기 방역 수단이 된 게임
>
> 한국의 게임 이용자 비중은 2019년 말 65.7%에서 2020년 말 70.5%로 상승해 최근 5년간 가장 높은 수치를 기록했다. 코로나19가 최초로 보고된 것이 2019년 1월이니 실제로 팬데믹 기간 동안 게임 이용이 급격히 증가했음을 알 수 있다. 이 기간 동안, 게임숍을 방문해야만 하는 아케이드 게임 이용률은 감소한 반면, 집에서 즐길 수 있는 모바일 게임과 콘솔 게임 이용량은 크게 증가했다. 이것은 가정에서 보내는 시간이 늘어남에 따라 여가 문화로만 인식되던 게임이 방역 수단으로도 활용되었음을 잘 보여주고 있다.
>
> 자료: "코로나19 1년, 우리나라의 변화" (2021. 4. 26). 〈IT & Future Strategy 보고서〉, 제4호, 한국지능정보사회진흥원.

이 같은 '게임의 치료제화' 움직임에 대해서 디지털 강국인 대한민국의 기업들도 발빠르게 대응하고 있다. 2020년 4월에 창립된 국내 디지털 치료제 개발 기업 '히포티앤씨(HIPPO T&C)'는 'CES 2022'에서 ADHD 증상을 VR과 AI 기술을 활용해 진단하는 디지털 프로그램 '어텐케어(AttnKare)'로 2관왕[29]을 수상했다. 어텐케어는 VR게임 형태의

---

29 'Virtual & Augmented Reality'와 'Digital Health & Wellness' 부문에서 수상.

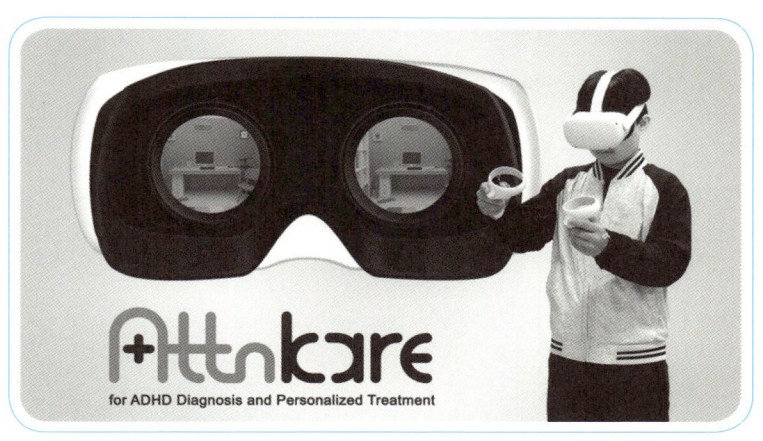

VR게임을 하는 동안의 행동 반응을 AI로 분석하여 상태를 진단하는 '어텐케어'
자료: 히포티앤씨

미션을 수행하는 어린이의 행동 반응을 AI로 분석하여 상태를 진단한다. 그리고 질병으로 판명될 경우 치료제인 '어텐케어-T'를 투입하게 된다.

팬데믹 기간 동안 외출 대신 게임을 선택하는 인구가 증가하면서 소니와 닌텐도 등 게임 기업들의 수익이 역대급으로 치솟기도 했다. 소니와 닌텐도는 코로나19 유행 시점인 2021년 각각 약 12조 원과 약 6조 원이라는 사상 최대 영업이익을 달성했다. 특히 소니는 종합전자 회사로서 다수의 사업 부문이 부진을 면치 못하던 상태였으나 게임 부문의 비약적 성장을 발판 삼아 창업 이래 최대의 성과를 거둘 수 있었다.

코로나19로 성과를 올릴 수 있었던 기업은 게임 회사만이 아니다.

게임 및 게임화가 각광받으면서 차별화된 마케팅을 추구하던 기업들이 저마다 게임화를 도입하여 긍정적 효과를 누렸고, 이에 따라 더 많은 기업이 게임화 도입을 검토하는 계기가 되었다. 게임 컨설팅 기업 옥탈리시스의 CEO 유카이 초는 "코로나19 이후 게임화 컨설팅을 받으려는 고객이 4~5배 늘었다. 이제 게임화는 기업 경영에 필수다."라고 말했다.[30]

---

[30] "혁신 제3 물결은 '인간의 욕구'… 게이미피케이션이 답" (2021. 4. 13). 《이코노미조선》.

3장

게임에서 게임화로

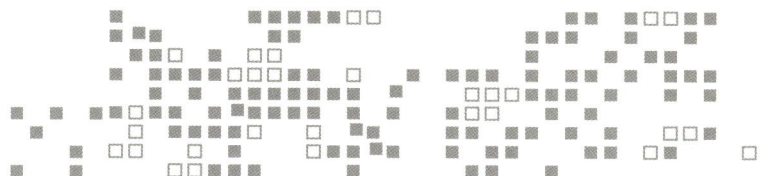

게임화란 무엇인가?

게임화(gamification)란 게임이 아닌 상황 또는 분야에 게임의 특성을 적용해 문제를 해결하고 목표를 달성하는 일을 말한다. 게임이란 용어는 오래전부터 있어왔지만 '게임화'라는 용어가 생겨난 것은 비교적 최근의 일이다. 이 용어는 2002년 영국의 게임 개발자이자 비즈니스 컨설턴트 닉 펠링(Nick Pelling)이 처음 사용한 것으로 알려져 있다.

게임화의 핵심은 게임이 지닌 '재미'를 최대한 활용하는 것이다. 가파른 계단도 '가위바위보' 게임을 하며 올라가면 힘들다는 사실을 잊고 오히려 재미를 느끼게 되는 것과 같은 원리다. 일례로 스웨덴의 수도 스톡홀름의 오덴플랜역에는 일명 '피아노 계단'이 있다. 폭스바겐 사의 친환경차 프로모션을 위해 설치한 계단인데 시민들이 에스컬레이터가 아니라 계단을 이용하도록 유도함으로써 에너지 절감뿐 아니라 시민들의 건강도 증진시킨다는 취지이다.

사람들의 통행이 많은 지하철역 계단을 피아노 건반 모양으로 색칠하고 통행자가 밟을 때마다 작은 피아노 소리가 나도록 만들었다. 그러자 이전에 에스컬레이터를 주로 이용하던 사람들이 계단을 이용하

스웨덴의 수도 스톡홀름의 오덴플랜역에 설치된 '피아노 계단'
자료: ⟨https://beyond-social.org/wiki/index.php/Review_Piano_Stairs⟩

기 시작했다. 매우 단순한 장치에 불과하지만 계단을 오르는 짧은 시간에도 재미를 느끼고 계단 이용을 즐기게 되어, 이용자가 무려 66%나 증가했다고 한다.

오늘날 게임화는 학계와 업계 모두로부터 주목을 받고 있다. 또한 기업뿐 아니라 공공기관의 다양한 부문으로도 쓰임새가 확산되고 있다. 많은 학자와 전문가가 이 현상을 설명하기 위해 다양한 방식으로 게임화를 정의하고 있다. 국내 연구자 나지영 등(2016)은 게임화를 "게임이 아닌 분야에 게임의 개념과 방식을 적용하여 문제를 해결하고, 사용자의 몰입을 높여 해당 분야의 효율을 제고하는 것"이라 정의한다. 이 외에도 게임화에 대해 다양한 개념화가 이뤄지고 있다.

게임화에 대한 다양한 정의들

▶ 게임이 아닌 분야에 게임의 개념과 방식을 적용하여 문제를 해결하고 사용자의 몰입을 높여 해당 분야의 효율을 제고하는 일(나지영 등, 2016; 하마리, 2014)

▶ 사용자를 몰입시키고 문제를 해결하기 위해 게임적 사고와 게임 메커니즘을 사용하는 과정(지커만과 커닝햄, 2011)

▶ 목표 달성을 위해 게임 메카닉스와 게임 디자인 기술을 사용하여 사람들을 몰입하게 하고 동기를 부여하는 것(가트너, 2011)

▶ 게임과 관련 없는 분야에서 사용자 몰입을 증가시키고 비즈니스 성과를 달성하기 위해 게임의 메커니즘을 활용하는 것(벌케, 2012)

게임에 대한 생각의 변화

게임화가 다양한 부문에 활용되기 전만 해도 게임을 향한 부정적 시선이 많았다. 게임은 시간 낭비이거나, 청소년의 일탈을 종용한다는 인식이 그것이다. 심지어 중독성을 갖는 질병의 한 종류로 분류되기도 했다. 게임이 바람직한 방향으로 활용될 수 있다는 생각은 미처 하지 못하던 시기였다.

그러나 게임화 개념이 등장하고 세간의 주목을 받으면서 상황이 달라졌다. 그 대표적 사례가 세계보건기구(WHO)의 전격적 태도 변화다. 본래 WHO는 게임을 매우 우려의 시각으로 바라보았다. 2019년 5월에는 게임중독을 '질병'이라고 공식 선언하기도 했다. 그렇지만 WHO가 태도를 바꾸는 데는 그리 오랜 시간이 걸리지 않았다. 2020년 코로나19가 창궐한 뒤인 2021년 3월에는 오히려 게임을 권장하는 방향으로 선회한 것이다.

이러한 극적 변화는 코로나19의 전염성을 억제하기 위해 사회적 거리두기의 필요성이 대두되면서 일어났다. 그 과정에서 WTO는 게임을 매우 유력한 거리두기 실행 방안으로 인정했다. 게임에는 아무리 많은 인간이 참여해도 온라인상에서만 접촉할 뿐 현실에서는 접촉이 이뤄지지 않기 때문이다. WHO는 전 세계인을 대상으로 게임을 적극 권장하는 캠페인을 전개하며 그 슬로건으로 '떨어져서 함께 즐겨요(Play apart together)'를 채택했다.

그뿐이 아니다. 앞에서도 언급한 것처럼 최근에는 게임을 질병 치료제로 활용하려는 움직임까지 생겨나고 있다. 세계에서 가장 까다롭고 공신력 있는 기구 중 하나인 미국 식품의약국(FDA)은 2020년 6월 미국의 게임 회사 아킬리 인터랙티브(Akili Interactive)가 출시한 게임 '엔데버Rx(EndeavorRx)'를 주의력결핍 과잉행동장애(ADHD) 아동의 치료제로 공식 승인했다.

FDA에서 공식 의약품으로 승인받기가 얼마나 어려운가! 그런데 게임이 그 관문을 당당히 통과한 것이다. FDA는 아동 ADHD 환자가 '엔

ADHD 아동의 치료제로 공식 승인된 게임 '엔데버Rx' 화면
자료: 아킬리 인터랙티브

데버Rx 게임'을 오래하면 할수록 치유 효과를 더 잘 누릴 수 있다는 사실 또한 인증했다.

'엔데버Rx'는 일종의 비디오게임인데 플레이어가 호버 크래프트(공기부양정)를 타고 레이싱을 하며 각종 함정이나 부비트랩을 피해 가는 게임이다. 이 과정에서 플레이어는 고도의 집중력과 주의력을 발휘해야만 하는데 이 행위가 ADHD 치료에 효과를 발휘한다는 것이다. 제프리 슈렌(Jeffrey Shuren) FDA 의료기기 및 방사선 건강센터 소장은 "엔데버Rx는 어린이들의 ADHD를 개선하기 위한 비약물 치료로, 디지털 치료 분야의 성장을 나타내는 중요한 예시이다."[31]라고 평가

---

31 FDA approves digital game for children with ADHD (2020. 6. 16), 〈AAP News〉.

했다.

　게임화는 최근 MZ세대를 중심으로 확산되는 '휴대폰 중독'을 치유하는 데도 활용되고 있다. 2023년 9월 《뉴욕 포스트》가 밀레니얼 세대 1,000명, Z세대 1,000명을 대상으로 실시한 조사에 따르면 밀레니얼 세대의 60%, Z세대의 81%가 식사 중에도 휴대폰을 사용하는 것으로 나타났다.

　대만의 게임개발 업체 시크알테크(Seekrtech)는 휴대폰에 대한 과도한 몰입을 방지하고 집중력을 향상시킬 수 있는 게임 앱 '포레스트(Forest)'를 만들었다. 이 게임에서는 스스로 설정한 시간 동안 휴대폰을 사용하지 않으면 가상의 나무가 숲속에서 자라난다. 게임은 이용자에게 가상의 나무를 계속해서 잘 키우도록 동기부여와 보상을 제공하며, 따라서 적어도 이 게임을 하는 동안만큼은 이용자가 휴대폰 사용을 자제하게 된다. 동기부여에는 실제 숲속에 나무를 심는 보상도 포함되므로 게임을 통해 지구상 어딘가에 실제 나무와 숲이 생겨나도록 하는 일에 동참한다는 의미도 갖게 된다.

　이와 같은 사례는 게임에 대한 사람들의 오랜 편견을 깨뜨리는 데 크게 기여했다. 말하자면 게임은 그 자체로는 좋은 것도 나쁜 것도 아니다. 다만 좋은 방향으로 활용될 수만 있다면 그 가능성은 무궁무진하다는 점이 드러나고 있는 것이다.

　게임화는 이러한 게임의 긍정적 측면을 극대화하려는 시도이다. 그래서 비즈니스 게임화 분야의 개척자 중 한 사람인 유카이 초는 "게임을 수 시간 하면 안 좋을 수 있다. 하지만 삶의 가치를 개선시켜주는

휴대폰 사용을 자제하면 나무가 자라는 보상을 제공
하는 게임 앱 '포레스트' 화면
자료: 포레스트

'게임화(gamification)'는 중독될수록 좋다."[32]라고 말했던 것이다.

---

32 "혁신 제3물결은 '인간의 욕구'… 게이미피케이션이 답" (2021. 4. 13), 《이코노미조선》.

게임이 인간의 폭력성을 자극한다?

게임이 인간의 폭력성 등 어두운 측면을 자극한다는 비판적 논의가 종종 나온다. 하지만 다수의 전문가는 그러한 논의를 단정적으로 수용하는 것은 성급한 판단이라 보고 있다.

게임이 인간의 공격성을 자극한다는 주장('자극 가설')과 인간의 공격성을 게임 내에서 해소하게 된다는 주장('카타르시스 가설')은 1970년대 이래로 계속해서 첨예하게 대립하고 있으며, 그와 관련해 다양한 실험 또한 거듭되고 있으나 아직 확실한 결론에는 이르지 못하고 있다. 게임 중에는 전혀 폭력적이지 않은 것도 얼마든지 있고, 오히려 폭력성의 원인이 될 수 있는 스트레스를 경감해주는 것도 있으며, 심지어 다소 폭력적인 게임조차 인간 속에 존재하는 폭력성을 비폭력적인 방법으로 해소하는 배출구가 될 수 있다는 견해 등이 존재하기 때문이다.

게임은 소설이나 영화와 마찬가지로 일정한 스토리를 가지며 인간은 게임에 참여하는 동안 현실세계에서는 체험하기 어려운 다양한 일을 겪게 된다. 만일 게임이 보다 교육적인 형태로 구현된다면 인간들이 책과 같은 기존의 매체만으로는 경험하기 어려운 생생한 형태의 지식, 정보, 교양을 축적할 기회를 제공할 수도 있다. 최근 다양한 교육용 게임이 쏟아지는 것은 이러한 이유에서다.

한때 소설이나 영화에 대해 엄격한 검열의 잣대를 들이대던 시절이 있었다. 그러나 이후 많은 국가에서 그러한 검열이 폐지되거나 창작자의 자유를 손상하지 않는 방향으로 완화되어온 것도 사실이다. 검열이 엄격할수록 대내적으로는 지하시장이 비대해지고, 대외적으로는 문화후진국으로 뒤처질 가능성이 크기에 그렇다.

게임에 대해서도 마찬가지이다. 전 세계가 보다 창의적인 게임을 만들기 위해 달려나가며 그 효과를 다양한 분야로 확대하고 있는 이때, 굳이 자국에만 과도하게 엄격한 잣대를 고집하는 것은 바람직하지 않다. 지금은 게임이 비즈니스로 전환되는 중요한 시기이다. 전환기에는 단 한 번의 기회 상실만으로도 많은 것을 잃을 수 있음에 유념해야 한다.

게임화, 가장 새롭고 가장 효과적인 '동기부여' 수단

게임화는 게임을 하려는 인간의 심리를 이용해 특정한 행동을 유도하는 방식으로 작동한다. 유카이 초는 게임화의 효과에 대해 '해야 하는 일'과 '하고 싶은 일'을 하나로 일치시킨다는 점을 강조해왔다. 임직원에 대한 동기부여 방안을 찾아 오랜 세월 고민해온 경영자들에게 이보다 더 매력적인 수단은 없을 것이다. 이제 임직원에 대한 동기부여는 물질적 보상이 아니라 '재미'라는 방향으로 집중된다. 왜냐하면 물질적 보상보다 재미가 사람들의 참여율을 더 높일 수 있다는 점이 입증되고 있기 때문이다.

게임화는 인간을 동기부여하는 매우 유효한 수단으로서 자신과 남을 비교하고 타인으로부터 인정받으려는 인간의 본능적 욕구를 활용한다. 그것은 지금까지 주된 동기부여 수단으로 쓰인 금전적 보상과는 다른 차원에서 작동하는데, 금전적 보상이 외재적 동기부여(extrinsic motivation)라면 게임화는 내재적 동기부여(intrinsic motivation)의 성격을 갖는다. 현대의 조직이론가들은 외재적 동기보다 내재적 동기를 훨씬 강력한 동기화 수단으로 평가한다.

왜냐하면 금전적 보상은 어느 수준까지는 효과를 거둘 수 있으나 일정한 단계를 지나면 그때부터는 썩 효력을 발휘하지 못하기 때문이다. 말하자면 빈곤한 상태에서는 금전이나 재물을 모으려는 이른바 '헝그리 스피릿'이 강력한 추진력으로 작동하지만 어느 정도 부(富)가 축적되고 나면 그 효과가 약해진다. 반면 명예, 인정, 호승심(好勝心) 충족 등의 내면적 보상은 부의 축적과 관계없이 동기부여 효과를 유지시키는 경향이 있다. 게다가 한번 동기부여가 되면 추가 비용도 그리 들지 않는 것으로 알려져 있다. 《게임하듯 승리하라》[33]의 저자 케빈 워바흐(Kevin Werbach)는 "게임화의 인간관은 '사람이란 성취를 위해 노력하는 자율적 존재'라는 인식에 기반한다."라고 말하고 있다.

많은 학자가 적절한 수준의 게임은 도파민과 엔도르핀 등 긍정적 호르몬 분비를 촉진해 심리적 안정감을 제공하고 기억력을 향상시킨다고 주장한다. 스웨덴의 카롤린스카 연구소(Karolinska Institutet)는

---

33 케빈 워바흐·댄 헌터 (2013). 《게임하듯 승리하라》. 강유리 역. 매일경제신문사.

5,300여 명의 어린이를 대상으로 한 2년에 걸친 연구 끝에 게임이 어린이의 지능 향상에 기여한다는 사실을 밝혀냈다.[34] 연구소장인 인지신경과학자 토르켈 클링베리(Torkel Klingberg) 교수는 "게임이 인간의 주의력, 언어 및 공간 워킹 메모리, 시공간 스킬 강화에 기여했다."라고 말했다. 연구에서는 게임 등을 통해 복잡한 디지털 미디어를 사용하며 자란 세대는 이전 세대보다 종합적 이해력이 뛰어나 고도의 기술을 만들어낼 수 있으며, 이 같은 흐름의 연장선상에서 다음 세대에서도 한층 더 인지력을 향상시킬 것이라 예견하고 있다.

게임평론가 피크리 바스리잘(Fikri Basrizal)은 게임의 효능에 대해, 게임은 커다란 정보를 기억하기 쉬운 작은 조각으로 분해함으로써 인간 두뇌의 인지과부하 해소에 기여한다고 주장했다.[35] 이와 동일한 맥락에서 헝가리의 벤치마크게임즈 사 CEO 다비드 스질라기(David Szilagyi)는 "게임은 패턴 인식을 위한 가장 유력한 수단"이라 말하기도 했다. 이러한 이야기가 뜻하는 바는 오늘날 정보와 지식의 홍수 속에서 길을 잃기 쉬운 개인과 조직에 게임화를 활용해 단순하면서도 일목요연하게 정리된 지식의 질서를 부여해줄 수 있다는 점이다.

게임화가 지닌 다양한 장점을 반영하듯 게임화 시장은 매년 성장을 거듭하고 있다. 글로벌 시장조사 업체인 프리시던스 리서치(Precedence

---

[34] Sauce, B., Liebherr, M., Judd, N. & Klingberg, T. (2022. 5. 11). The Impact of Digital Media on Children's Intelligence while Controlling for Genetic Differences in Cognition and Socioeconomic Background. *Scientific Reports*.

[35] Basrizal, F. (2023. 8. 18). Game-Based Learning: Developing Critical Skills through Video Games in Education. VC Gamers.

Research)에 따르면, 2016년 약 6조 6,000억 원이었던 전 세계 게임화 시장 규모가 2022년에는 약 18조 원으로 3배 가까이 증가했으며 2030년까지 약 130조 원 규모로 성장할 것으로 전망된다.

게임과 메타버스

오늘날 디지털기술의 급속한 발달은 인간의 욕구에 섬세하게 적용되는 고도화된 형태의 게임을 제공할 수 있게 해주었다. 최근 부상한 메타버스가 대표적 예다. 메타버스는 매우 효율적이면서도 자극적인 방식으로 비즈니스의 한 부분으로 자리 잡아가고 있는데 그 구현 방식이나 사용 방법은 기존의 게임과 다를 것이 없다. 그래서 김정태 동양대학교 게임학부 교수는 "메타버스는 게임화 현상의 하나"라고 말하며, "메타버스의 대표 사례로 꼽히는 로블록스, 마인크래프트는 사실은 게이미피케이션 원리"라고 했다.[36]

게임과 메타버스는 동일하게 아바타와 커뮤니티 체제를 도입했고 동기부여나 보상 설계도 크게 다르지 않다. 다만 온라인 세계 안에서 이루어지는 거래 등 경제활동 측면에서 메타버스는 일반적인 게임보다 더 높은 개방성과 자유도를 구현한다. 물론 기존의 게임 내에서도 아이템 거래 등 경제활동이 이루어지나 아이템 공급 등 경제적 주도권은 게임 제작사 측에 있다. 그러나 메타버스 세계에서는 참여자가 아이디어만 있다면 얼마든지 자신의 점포를 열거나 상품을 만들 수 있고 판매도 가능하다.

가령 국내 메타버스 플랫폼 제페토에는 매달 수천만 원 매출을 올리는 판매자가 적지 않으며 미국의 대표적 메타버스 로블록스에서는 게임으로 수백만 달러의 수익을 올리는 판매자가 다수 존재한다. 말하자면 메타버스는 혁신이라는 측면에서 기존 게임보다 진일보한 형태이다. 플레이어의 창의성과 주도권을 존중한다는 점에서 메타버스는 미래에 더 큰 변화와 혁신을 주도할 가능성을 지녔다고 볼 수 있다.

오늘날 대부분의 메타버스 서비스 기업은 과거에 게임 회사였거나 게임 회사에서 파생된 기업들이다. 페이스북은 이 장르의 발전 가능성을 매우 높게 평가하여 회사명을 '메타(Meta)'로 바꾸기도 했다. 마크 저커버그(Mark Zuckerberg)는 메타버스를 "시공간을 초월해 멀리 있는 사람과 만나고 새로운 창의적인 일을 할 수 있는 인터넷 다음 단계의 세계"라 정의했다.

메타뿐 아니라 구글, MS, 애플, 엔비디아 등 거대 IT 기업들이 향후 도래할 '메타유니버스(meta-unverse)' 시장을 선점하기 위해 공을 들였다. IT 강국인 한국의 기업들도 이 분야의 주도권을 확보하기 위해 맹렬한 기세로 경쟁에 참여하고 있다.[37]

---

36 "[인터뷰]메타버스는 게임화 현상의 하나… 게임법 정비 필요" (2021. 10. 7). 〈시사저널e〉.
37 2018년 네이버에서 출시한 메타버스 '제페토'는 2022년 3월 현재 전 세계 3억 명의 가입자를 확보하고 있다.

4장

비즈니스의 게임화

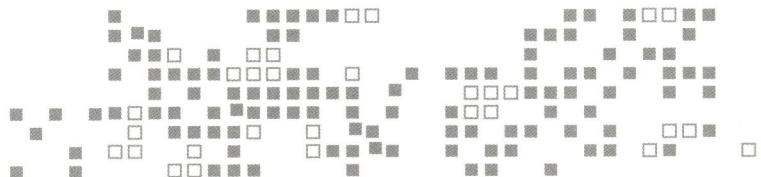

비즈니스의 게임화에는 '스토리텔링'이 있다

이제 좀 더 구체적으로 '비즈니스의 게임화'에 대해 알아보자. 비즈니스 게임화는 기업이 이윤을 추구하는 데 게임을 이용하려는 행태로 나타나고 있으나 그게 전부는 아니다. 오늘날 게임은 기업의 새로운 관심사로 부상하는 '워라밸'의 달성, ESG 실행 등 지속가능한 경영을 위한 활동에까지도 다양하게 도입되고 있다. 즉, 게임은 기업의 이익뿐 아니라 다양한 이해관계자의 이익에도 두루 부합하며 그들 사이의 균형을 잡아줄 훌륭한 수단으로서 빈번히 채택되고 있다.[38]

비즈니스의 게임화는 근대적 비즈니스의 출발과 거의 동일한 궤적에서 이루어졌다. 처음에는 비즈니스 활성화라는 동기에서 출발했으나 디지털기술이 일상 속에 자리 잡으면서 점차 전략적이고 창조적인 방식으로 진행되고 있다. 지금 이 순간에도 다양한 기업이 너무나 다양한 방식으로 게임화를 시도하고 있어 그 유형을 분류하기조차 어려

---

[38] Alcivar & Abad, 2016; De-Marcos et al., 2014, 2016; Dominguezet al., 2013; Filsecker & Hickey, 2014; Hamari et al., 2016; Ibanez et al. 2014 등이 게임화가 비즈니스에 미치는 긍정적 영향들에 대해 언급하는 논문들이다.

울 정도다.

비즈니스의 게임화란 게임이 지닌 재미라는 내면적 에너지를 활용해 마케팅, 생산성 제고, 고객 참여, 직원 채용 및 교육 등에서 경영상의 목표를 달성하는 행위를 의미한다. 비즈니스를 게임처럼 할 수 있다면 직원의 업무 몰입도를 높이고 소비자 등 기업 이해관계자의 참여와 협력을 촉진할 수 있다는 생각이 그 배경에 자리 잡고 있다.[39]

사실 비즈니스의 게임화의 간단한 사례는 우리 주변에서 쉽게 찾아볼 수 있다. 항공기 마일리지, 호텔의 우수 투숙객에 대한 룸 업그레이드, 직원에게 지급하는 성과급 인센티브, 대형마트의 번개 세일[40] 등이 그것이다. 이들 모두가 일정한 목표에 도달하면 그에 따른 상금과 보상을 지불한다는 점에서 일종의 게임이라 할 수 있다.

유카이 초는 비즈니스의 게임화를 "인간에 대한 동기부여 요소를 우회적으로 표현함으로써 고객, 직원에 스토리텔링(story-telling) 요소를 제공하는 경험 수단"으로 보고 있다. 그에 따르면 세계적인 혁신 기업들은 대부분 스토리텔링에 능하다.[41] 게임화는 이러한 스토리텔링의 유력한 수단이 될 수 있는데, 가장 단순한 예를 하나 들어보자. 나이키나 애플 등은 고객에게 직접 자사의 제품을 구매하라고 말하지 않는다. 나이키는 단지 "Just Do It."이라 말하고 애플은 "Think

---

[39] Mcgonigal, J. (2011). *Reality is broken: Why Games Make Us Better and How They Can Change the World*. New York, NY: Penguin.
[40] 지금이 아니면 안 된다는 압박과 몰입감을 주는 일종의 '카운트다운' 게임이다.
[41] "혁신 제3물결은 '인간의 욕구'… 게이미피케이션이 답" (2021. 4. 13). 《이코노미조선》.

나이키와 애플의 광고 문구

Different."라고 우회적으로 메시지를 전달한다. 말하자면 그들의 화법은 고객에게 어떤 스토리를 떠올리도록 하며, 그 과정에서 자사의 제품이 함께 부각될 수 있도록 하는 것이다.

　게임도 그런 것이다. 게임을 통해 고객은 기업과 제품에 얽힌 스토리를 사전에 경험할 수 있고 이를 통해 기업과 어떤 종류의 관계를 맺게 된다. 또한 직원은 조직 내에서 실시하는 게임을 통해 자신이 성장하고자 하는 방향과 목표를 확고히 할 수 있다. 게임은 동기부여와 보상 수단을 통해 직원의 장단기 행동 패턴, 방향을 촉진하거나 유도할 수 있기 때문이다.

　게임이라는 우회적 수단을 통해 어쩌면 삭막할 수도 있는 비즈니스 세상을 인간 냄새 나는 스토리로 전환하여 비즈니스 본연의 목표가 자연스럽게 달성되도록 하는 것, 그것이 바로 '비즈니스의 게임화'이다.

비즈니스 게임화의 역사, '그린 스탬프'에서 '폴드잇'까지

비즈니스의 게임화는 19세기 말 미국의 한 소매 기업에 의해 최초로 실행되었다고 알려져 있다. 이후 새로운 동기부여 수단이 추가되거나, 기술 발전에 발맞추는 형태로 활용 범위가 지속적으로 확대되어왔다. 이 과정을 구체적으로 살펴보자.

비즈니스에 최초로 게임을 도입한 소매 기업은 스페리 & 허친슨(Sperry & Hutchinson Co., 이하 S&H)이라는 복합기업이다.[42] 이 회사는 단골고객에게 '그린 스탬프(Green Stamp)'라는 명칭의 쿠폰을 발행해주고 목표 구매 수치가 달성되면 보상을 지급하는 식의 소박한 판매 캠페인을 전개했다. 요즘이야 동네 구멍가게에서나 할 법한 방식이지만, 바로 그것이 100년 전 최초의 비즈니스 게임화의 한 방식이었다.

S&H의 그린 스탬프 제도는 1980년대까지 고객들의 호응 속에 유지되었다. 전기오븐, 토스트기 등 다양한 제품의 판매에 그린 스탬프가 적용되었으며 건물 옥상이나 버스 정류장에 관련 내용을 싣는 광고판이 설치되기도 했고, S&H 제품을 취급하는 점주들이 상점 앞에 큼지막한 그린 스탬프 광고물을 세워두기도 했다.

이런 방식의 게임화는 그 뒤로도 다양한 형태로 확산되었는데, 단

---

[42] 당시 복합기업이래보아야 이것저것 돈 되는 것을 다양하게 취급한다는 정도의 의미이지 오늘날의 콘체른이나 재벌(財閥) 같은, 체계적으로 다각화된 대규모 기업을 뜻하는 것은 아니다.

S&H가 고객 보상 프로그램을 위해 제작한 우표 모양의 쿠폰 '그린 스탬프'
자료: ⟨https://www.lvpnews.com/20220112/sh-green-stamps-are-sticking-around/⟩

지 기술적 측면이 달라졌을 뿐 기본 구조는 거의 변함이 없이 유지되었다. 사실 S&H의 그린 스탬프나 1981년 아메리칸항공이 최초로 도입한 마일리지 제도는 게임의 성격을 지닌다는 측면에서 보면 다를 게 없다. 즉 고객이 목표를 달성하면 기업이 보상을 해준다는 것이 기본 골격이다.

그런데 2000년대 들어 온라인과 오프라인을 융합한 O2O(Online to Offline) 사업모델이 도입되고 스마트폰 출현과 더불어 다양한 애플리케이션(application)이 선보이면서, 새로운 형태의 고객접점이 무수히 형성되었고, 이를 활용한 다양한 게임화 방식이 나타났다. 비즈니스의 장이 오프라인에서 온라인으로, 현실공간에서 가상현실과 증강현실

공간으로 이동하면서 게임화를 활용할 여지가 급격히 커진 것이다. 이에 따라 동기부여 수단이 다양화되었으며 기업과 고객 사이뿐 아니라 고객과 고객, 또는 직원 사이에도 게임 방식이 활용되었다.

기업들은 고객이 온라인에서 게임을 즐기도록 하고 그 결과에 따라 오프라인에서 보상을 지급하는 방식으로 고객을 유인했다. 고객 입장에서는 게임도 즐기고 상품도 획득하니 일거양득인 셈이다. 이러한 현상에 대해 벤처기업협회 명예회장을 지낸 고(故) 이민화는 온라인과 오프라인이 융합하는 O2O 스마트 세상에서 게임화 도입의 중요성을 강조한 바 있다. 비즈니스 컨설턴트 닉 펠링이 게임화라는 용어를 사용한 것이 바로 이 무렵이다.

2011년이 되자 미국 샌프란시스코에서 세계 최초로 '제1회 글로벌 게임화 서밋(Global Gamification Summit)'이 개최되었다. 지금이야 다양한 게임화 관련 대회나 대규모 이벤트가 세계 곳곳에서 수시로 개최되지만,[43] 최초의 글로벌 게임화 서밋은 400명 정도가 참석한 비교적 조촐한 대회였다. 대회 규모는 크지 않았으나 당시 내로라하는 게임화 전문가가 거의 모두 참여하고 온라인으로 전 세계에 중계됨으로써 관심 있는 인사들의 폭발적 호응을 불러일으켰다. 당시 게임화 전문가로서 명성을 떨치던 제인 맥고니걸(Jane McGonigal)의 강연 말미에는 수백 명 청중이 함께 '아멘'으로 화답하는 진풍경이 연출되기도 했고,[44]

---

[43] 2023년 12월에는 국내에서 '제3회 국제 게임화 컨퍼런스'가 열리기도 했다.
[44] The First Gamification Summit Rocked (2011. 1. 24). ⟨https://www.gamification.co/2011/01/24/the-first-gamification-summit-rocked/⟩.

그의 책《현실은 깨어졌다(Reality is Broken)》를 구매하려는 사람들로 장사진을 이루기도 했다.

이 서밋의 효과는 구글 검색량 변화로도 나타났다. 대회 이후 '게임화(gamification)'라는 단어의 검색량이 기하급수적 증가 추세를 보인 것이다. 이후 이 단어는 소수의 업계 사람들만 아는 말이 아니라 모든 이의 일상용어로 자리를 잡아나갔다. 그리고 마침내 2013년, 게임화(gamification)가 옥스퍼드 사전의 '올해의 단어 목록'에 추가되었으며 다음 해 가트너는 "최고로 떠오르는 기술"로 게임화를 선정하기도 했다.

2021년 한국표준협회는 4차 산업혁명 시대에 각광받을 새로운 직업으로 게임화 촉진 과제를 수행할 '게이미파이어(gamifier)'를 제시했다. 말하자면 이들은 게임요소를 비즈니스에 적용하는 신개념 컨설틴트인 셈이다.

이제 게임화는 비즈니스의 거의 모든 분야에서 마치 약방의 감초처럼 활용된다. 비즈니스의 전략적 측면뿐 아니라 일상적 수준에서도 게임이 지닌 재미 요소를 적용하여 비즈니스 목표를 달성하려는 시도가 다채롭게 나타나고 있다. 예를 들어 2020년 뉴욕 메트로폴리탄 미술관은 팬데믹 시기에 닌텐도의 비디오게임 '모여봐요 동물의 숲' 사이버 공간 내에 컬렉션을 전시하기로 결정했다. 외출이 어려운 사정을 감안해 자신의 컬렉션을 더 많은 사람에게 보이고자 하는 노력이 게임세계를 통해 실현될 수 있었던 것이다.

비즈니스의 게임화는 전문 분야에서 집단지성을 동원하는 수단으로도 활용되었다. 2019년 워싱턴대학과 럿거스대학 연구진은 문제풀이 형식의 게임을 통해 새로운 단백질을 설계, 합성하는 데 성공하여 그 성과를 《네이처(*Nature*)》에 발표했다. 이는 게임이 전문가들의 지식을 집약적으로 이끌어내는 데도 유용한 수단이 될 수 있음을 보여준 의미 있는 사례다.

우선, 게임의 주관자들은 '폴드잇(FoldIt)'이라는 게임의 장을 개설했다. 즉, 누구나 단백질을 설계, 합성하는 과제에 도전할 수 있도록 접근이 쉬운 장을 개설한 것이다. 이 과제를 푸는 열쇠는 단백질을 올바르게 접는(fold) 데 있었다. 다행스럽게도 단백질을 접는 방법 자체가 그리 많지는 않았기에, 폴드잇 게임에는 과학자가 아니어도 참여가 가능했다.

순식간에 플레이어 수만 명이 몰려들었고, 다수의 일반인도 참여해 자신들의 지식을 보탰다. 이 과정에서 다양한 상상력에 기초한 수많은 실험이 행해졌다. 심지어 일반인들은 제시된 게임 규칙을 충실히 지키면서도 기존 전문가들의 지식, 가설에 얽매이지 않는 참신한 발상으로 실험을 거듭하여 연구 진행에 상당한 기여를 했다. 그 결과 놀랍게도 10년간 알아내지 못하던 단백질 구조를 불과 3주 만에 파악해낼 수 있었다. 게임이 지닌 놀라운 잠재력을 확인한 순간이었다. 이 일은 많은 전문가로 하여금 향후 인류적 난제들을 해결하기 위해 게임을 활용할 수 있지 않을까 하는 기대를 갖도록 하는 계기가 되었다.

비즈니스 게임화의 역사는 지금도 진행 중이다. 향후 현실세계에서 글로벌 비즈니스가 굴곡을 겪을수록, 또 이를 극복하기 위한 과거의

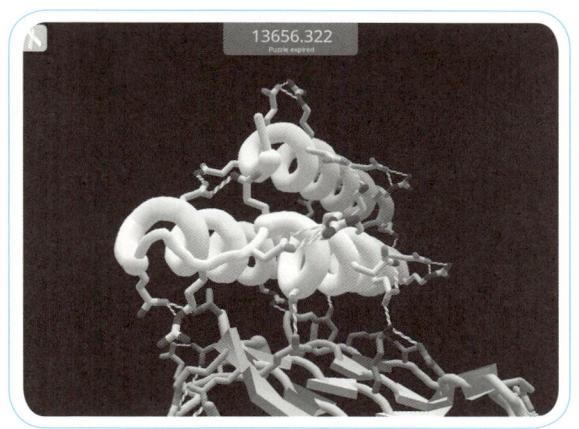

'폴드잇'을 통해 구현된 단백질 합성 모형
자료: <https://fold.it/about_foldit>

방법론들이 한계를 드러낼수록 새로운 대안으로서 게임화에 대한 수요는 더 커질 것으로 예상된다. 최근의 국제 정세에서 현안이 되고 있는 미중 간 갈등으로 인한 글로벌 공급망 단절, 보호무역주의 재부상, 플랫폼기업의 전방위적 진출 등의 문제에서도 게임 방식을 통한 다양한 형태의 시뮬레이션이 시도되고 있다.

조직에 게임화를 도입할 때 얻는 효과 네 가지

비즈니스 게임화는 모든 기업 이해관계자를 대상으로 도입될 수 있지만 현재까지 가장 빈번한 형태는 임직원과 고객을 대상으로 한 게임화다. 지금부터는 그중에서도 특히 임직원을 대상으로 할 경우, 게임화를 도입하여 얻을 수 있는 장점과 효과에 대해 이야기해보자.[45]

조직 내에 게임화를 도입할 경우 임직원들의 조직 소속감을 높이고 구성원 간 소통의 양과 질을 제고하는 효과를 얻게 된다. 게임 속에서 임직원들은 같은 목표를 향해 돌진하는 '전우'가 되기도 하고 이 과정에서 긴밀한 협력 양상을 보여준다거나 더 심도 있는 소통을 하게 될 수도 있다. 여기서는 이러한 게임화의 효과를 크게 동기부여, 창의성 극대화, 맞춤형 관리, 업무의 디지털화 촉진 등 네 가지로 구분해 설명한다.

① 몰입을 통한 동기부여

게임이 지닌 놀이의 특성을 잘 활용하면 자발적이고 내재적인 동기부여가 가능하다. 이 '내재적 동기부여(intrinsic motivation)'는 오늘날 모든 기업 경영자와 인사 담당 간부들이 조직 내에서 실현하고자 불철주야 고심하는 인력관리 수단이자 참된 목표이기도 하다.

게임화를 적절히 이용하면 많은 경영자의 로망인 '경영혁신'도 고통으로 점철된 과정이 아닌 즐거움이 따르는 자기계발의 과정으로 재창조할 수 있다. 영화평론가 유지나 교수(동국대학교 영상학과)는 강연에서 이제 사람들을 움직이는 동기는 생존이나 보상이 아닌 놀이와 창의성이어야 한다고 말한 바 있다.

---

[45] 고객을 대상으로 게임화를 활용할 경우의 장점과 효과에 대해서는 이 책 2부에서 다룬다.

또한 인사이드보드(InsideBoard)의 CEO 미카엘 벤토릴라(Michaël Bentolila)는 게임화는 혁신에 대한 사람들의 저항을 줄이고 자신감과 동기를 부여하는 지렛대 역할을 할 수 있다고 주장했다. 이처럼 게임화는 전통적인 인센티브 시스템이 점차 한계를 노정하는 오늘날의 상황에서 새로운 동기부여 수단으로 부상하고 있다.

우리 사회도 어느덧 선진국 대열에 진입하여 소득과 생활수준이 상승했으며, 이에 따라 금전적 동기부여는 점차 그 효력이 약화되는 듯하다. 케빈 워바흐는 "부의 증대로 과거 경영학에서 주장하던 인센티브 기법들 대부분은 갈수록 효과가 줄어들고 있다."라고 주장했다.[46] 이러한 상황에서 최근의 비즈니스 게임화는 특히 MZ세대를 동기부여 하는 데 탁월한 수단으로 부상 중이다. 그들은 게임이 제공하는 보상보다도 게임 자체에 더 열광하는 세대이기 때문이다. 그들에게 게임은 전혀 부끄러운 일이 아니며, 훌륭한 휴식처이고 삶을 구성하는 문화이다. 심지어 자기 자신의 존재를 설명하고 실현하는 수단이 되기도 한다.

2019년에 실시된 한 연구조사[47]에 따르면 비즈니스 게임에 자발적으로 참여하는 임직원의 82%는 현실 업무의 성취와 목표달성에 대해서도 지속적으로 주의를 기울이는 경향을 갖는다고 한다. 특히 팬데믹 등으로 인해 재택 또는 원격 근무를 실시해야 하는 상황이 펼쳐질 때

---

46 케빈 워바흐·댄 헌터 (2013), 《게임하듯 승리하라》, 강유리 역, 매일경제신문사.
47 The 2019 Gamification at Work Survey (TalentLMS 2019년 8월 조사).

기업들은 물리적 거리가 멀어진 임직원이 업무와도 심리적 거리감을 갖지 않을까 우려하게 마련이다. 이러한 상황에서 비즈니스의 게임화는 임직원과 회사의 거리를 좁히고 임직원의 업무집중도를 높이는 훌륭한 수단이 될 수 있다.

또한 기업은 임직원의 소속감, 상호 유대감 구축에도 게임화를 활용할 수 있다. 게임은 임직원 간 우호적 협력은 물론 때로는 적절한 긴장감이 있는 경쟁을 이끌어냄으로써 동료, 상사와 관계 지평을 확대하게 된다. 기존에 기업 조직에서 벌어지곤 하던 경쟁은 대부분 조직 구성원들이 서로를 견제하거나 상호 간 관계가 멀어지도록 만든 측면이 있었던 것이 사실이다. 그러나 게임화 방식을 활용하면 직접적 방식으로 이루어지던 경쟁이 어떤 스토리를 거치며 우회할 수 있게 되고, 이로써 감정적 반목이 완화될 수 있다. 아니 오히려 게임을 하면서 경쟁 상대를 더 많이 접하게 되고 그 과정에서 때로는 상대의 진면목을 발견하고 친밀감을 형성할 수도 있게 된다. 최근의 연구는 비즈니스 게임에 참여하는 것만으로도 임직원의 87%가 조직에 대한 소속감과 유대감이 강화되었다는 결과를 보여주었다.[48]

한편 모든 게임의 실행 과정에서 참여자는 스스로 주체가 되고 주인이 되는데, 지금까지 이보다 더 강력한 동기부여 방식은 달리 없었다. 현실세계에서 벌어지는 비즈니스 게임에서 임직원 대다수는 주인공이 아니며 주인도 아니다. 그 자리는 대개 사장이나 경영자 등 고위직이

---

[48] The 2018 Gamification At Work Survey (TalentLMS 2018년 7월 조사).

차지하며 임직원은 그들의 지시에 따르는 수동적 존재 또는 경영을 위해 소모되는 부속품 같은 존재로 취급되는 경우가 아무래도 많았다.

그러나 현실 비즈니스에서 다소 소외되었던 직원들도 게임 속에서는 새로운 맥락에서 재도전의 기회를 얼마든지 가질 수 있다. 현실세계에서는 손님 같은 존재였을지 모르지만 게임세계에서는 주인이 될 기회를 부여받기 때문이다. 그러므로 모든 임직원은 게임을 통해 훨씬 생생하게 주인의식을 환기할 수 있으며 이를 통해 개인은 능동적 도전정신을, 팀은 굳건한 팀스피릿을 구축할 수 있게 된다.

② 창의성 극대화

게임은 인간이 지닌 꿈과 상상력을 가장 매력적인 방식으로 이끌어내는 수단이 될 수 있다. 게임은 상상력의 결정체로서 참여 플레이어의 창의성을 이끌어내는 데도 부족함이 없는 도구다. 창의성은 게임 개발자의 몫일 뿐 아니라 게임에 참여하는 플레이어의 몫이기도 하기 때문이다. 게임 플레이어의 뛰어난 창의성은 게임 개발자가 미처 몰랐던 사실을 환기하거나 게임 개발자를 자극하는 계기가 되기도 한다.

블리자드 사가 출시한 '스타크래프트 1, 2'의 경우, 한국의 뛰어난 플레이어들은 개발자들이 미처 생각하지 못했던 창의적 전략을 구사함으로써 소프트웨어 업그레이드를 준비하던 개발자들에게 많은 영감을 주었다고 한다. 종족, 무기, 지형 활용에서 한국의 플레이어들은 그 누구도 생각지 못한 아이디어를 실현함으로써 게임 관련 세계대회를 거의 모두 석권했다. 스타크래프트 프로 리그 초기에 맹활약했던 '테란의 황제' 임요한이 바로 그런 대표적 플레이어였다. 그는 남다른 전략으로 게임 맵과 무기가 지닌 잠재성을 최대한으로 활용할 수 있었으며 이 과정에서 게임이 더 흥미롭도록 만들었다.

게임은 아바타를 통한 자유로운 자기표현, 게임 내 독특한 시공간 특성 등을 통해 참여자의 상상력과 창의성을 자극한다. 특히 나는 아바타(avatar)[49]를 통한 자유로운 자기표현이 창의성에 미치는 영향에 주목하고 싶다. 우선 게임 플레이어는 게임에 참여할 때 현실과는 다른 새로운 정체성, 즉 아바타를 부여받게 된다. 게임을 통해 현실에서와는 다른 또 하나의 인격을 부여받게 되는 것이다. 그리고 이 아바타는 참여자의 자유로운 상상력을 이끌어내는 주체가 된다.

만일 그가 여러 종류의 게임을 한다면 그가 부여받는 아바타의 수효도 그만큼 많아지는 것이다. 현실에서 우리 인간은 줄곧 하나의 단일한 정체성(identity)만을 보유하지만 게임 속에서는 다른 성별, 다른 종족을 아바타로 선택하고 자신을 마음껏 꾸민 채 자유롭게 능력을 발휘할 수 있다. 현실에서 이런 일을 벌인다면 그는 '이중인격자' 또는 '다중인격자'라며 맹비난을 받을 수도 있을 것이다. 그러나 게임 속에서 그가 다른 인격체로 출현하는 것에 대해서는 그 누구도 비난하지 않는다. 아바타란 게임에 입장하기 위한 입장권과도 같은 것이기 때문이다.

---

[49] 하늘에서 내려온 자, 즉 화신(化身)이라는 뜻의 산스크리트어. 본래는 종교적 의미를 담은 용어로 지상에 내려온 신, 특히 힌두교 신들의 분신을 뜻했다(나무위키 참조).

게임화는 인간의 욕구 중 생존이나 안전 욕구의 단계를 넘어 능동성, 자발성, 상상력과 창의성이 포함된 상위 단계 욕구를 충족시키고 보상하는 데 매우 효과적이다. 즉, 게임은 심리학자 에이브러햄 매슬로(Abraham H. Maslow)가 주장한 욕구 5단계설의 1, 2단계를 넘어 3~5단계에 해당하는 상위 욕구 달성에 더욱 유용한 것이다.[50]

하버드대학 심리학 교수 데이비드 맥클레랜드(David McClelland)는 2003년 "오늘날은 매슬로의 5단계 중에서도 3~5단계가 인간 행동의 80%를 설명한다."[51]라고 주장했다. 인간의 삶이 하위 욕구 충족을 넘어 상위 욕구 충족을 향해 나아가는 경향을 띠고 있다는 것이다. 실제로 많은 전문가가 게임화를 통해 1단계 욕구, 즉 '생리적 욕구'를 충족시킬 것이라면 차라리 그 비용으로 급여를 인상하거나 인센티브를 지급하는 외재적 동기부여 수단을 사용하는 편이 효과적이라고 주장한다. 즉 게임화로 충족시켜야 하는 욕구는 그런 차원 이상의 것이라는 의미다.

한편, 게임화가 가져다주는 창의성은 게임이 갖는 수평적 특성에서도 기인한다. 게임은 현실사회의 수직적 질서를 수평화하는 특성을 지닌다. 게임에서는 현실세계의 서열, 위계, 빈부 차이 등이 인정되지 않기 때문이다. 많은 경우 수직적 질서는 특유의 경직성으로 인해 창의성을 가로막는 요인으로 작용하곤 한다. 그래서 우리는 상사와 함께

---

50 이주환 (2010). "인간의 욕구와 게임, 그리고 S시대". 《한국게임학회지》. Vol. 7, No. 1, pp. 18~24.
51 "[기획연재⑤] 모티베이션이론: D. 맥클랜드의 성취동기이론" (2013. 8. 24). 블로그 '모든 경영의 답'.

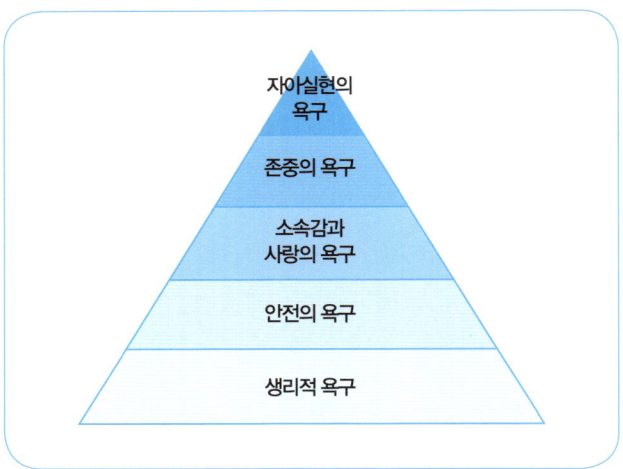

매슬로의 욕구 5단계

있을 때보다 친구와 함께 있을 때 더 자유로움을 느끼고 창의성을 발휘할 여지를 갖는 것이다. 그런데 게임의 세계에 들어서면 아버지와 아들, 상사와 부하도 상하 위계를 따지지 않고 동일한 미션을 향해 나아가는 전우가 되고 동료가 된다. 이때 그들은 상호 동등한 입장에서 아이디어를 모으며 보다 창의적인 해법을 강구하게 된다.

이러한 수평적 특성은 인간이 게임을 찾는 중요한 요인이기도 하다. 현실은 어디를 가나 엄격한 위계와 서열에 의해 질서 지워져 있기 때문에 운신의 폭이 몹시 좁다. 그런 까닭에 누구나 한번쯤은 이런 현실로부터 탈피할 기회를 갖고 싶어하기 마련이다.[52]

③ 개인별 맞춤형 관리

게임화를 통해 조직과 개인의 실적을 관리하면 게임의 진행 현황에 따라 거의 실시간으로 성과뿐 아니라 참여자의 상태도 파악할 수 있다. 관리자 입장에서 수시 점검과 피드백을 통해 진행 상황에 대한 맞춤형 관리가 가능해지는 것이다. 즉 관리자는 게임화를 통해 구체적 목표를 제시하고 신속한 피드백을 줌으로써 현 상황과 목표 간의 거리와 방향에 대하여 지속적으로 정보를 제공하고 참여자의 태도를 조직이 지향하는 방향에 맞도록 환기시킬 수 있다.

전통적 HR 관리가 직원 성과나 프로세스 등 10여 가지 부문을 관리할 수 있었다면, 게임화 방식은 이보다 훨씬 많은 수십 수백 개 항목에 대한 관리가 가능해진다. 전통적 HR에서는 이러한 세부 항목 관리를 '마이크로 매니지먼트(micro-management)'[53]라 부르고 이를 위해 다양한 방법, 예컨대 중간평가, 동료평가, 상사평가, 360도 평가 등을 동원했으나 관리상의 어려움은 물론, 직원 인권 경시, 사생활 침해 등 윤리 문제로 인해 그 효력을 확증하기가 어려웠다. 그러나 게임화는 마이크로 매니지먼트를 올바른 방향으로 실행시킬 무수한 기회와 수단을 제공한다.

물론 게임 속에서 활용되는 보상 수단인 배지, 트로피, 리더 보드 등

---

[52] 게임뿐 아니라 각종 오락, 여가, 스포츠, 여행 등도 수직적 질서로부터 수평적 질서로 나가는 통로의 성격을 갖고 있다.
[53] 관리자가 직원들의 업무를 가까이에서 관찰하면서 세부적으로 관여하고 통제하는 경영 스타일을 말한다. 종래는 이것을 올바른 방식으로 실행하기가 어려웠으므로 대개는 부정적 인식을 심어주었다.

은 기존 동기부여 수단인 승진, 성과급, 정기 시상 등에 비해 효과가 약할 수 있으나 단기 피드백 역할로, 또 기존 관리의 틈새를 보강하는 수단으로는 충분히 활용 가능하다. 관리자는 이러한 수단을 통해 개인의 성과를 추적하고 평가하며 랭킹, 레벨, 지위 등으로 수시 보상을 제공할 수 있다.

한마디로 종래의 평가 방식이 1년에 1~2회의 업적 및 능력 평가를 실시하고 보상하는 방식이었다면 게임화는 이보다 적은 비용으로 관리 현황을 단기적으로 파악하고 피드백을 제공하는 수단이 될 수 있다. 이때 리워드가 크지 않다 해도 그다지 문제가 되지 않는다. 인간이란 자신의 성과를 관리자가 알아주고 인정해주는 것만으로도 동기부여될 수 있는 존재이기 때문이다.

글로벌 조직에서 게임화는 조직 내 언어와 문화의 다양성을 넘어 공통의 목표를 지향하도록 촉진하는 수단으로도 기능한다. 게임이야말로 언어와 국적이 달라도 누구나 공감하며 참여할 수 있는 통로가 되어주기 때문이다. 게임은 기본적인 규칙만 익히면 누구나 참여하고 즐길 수 있는 보편적 언어이다. 구성원 간 국적과 사용하는 언어가 달라도 공통의 게임언어를 통해 협력적·창의적 성과 발휘가 가능한 곳이 게임화의 세계다.

④ 업무의 디지털화 촉진

2021년에 한국은행이 발표한 자료에 따르면 조직의 디지털 전환(digital transformation), 즉 디지털기술의 도입이 생산과 유통 효율성 개선, 네트워크 효과를 통해 생산성 향상에 긍정적 영향을 미치는 것으로 나타났다.[54] 오늘날 대부분의 산업에서는 디지털 전환, 곧 디지털화가 핵심적인 경쟁력 기반으로 자리 잡아가는 추세다. 조직 내 임직원의 디지털기술 활용 능력이 곧 기업 경쟁력과 직결된다 해도 과언이 아니다.[55]

디지털기술에 기반한 오늘날의 비즈니스 게임화는 게임 참여자가 첨단 디지털 업무 환경에 익숙해지도록 하는 효과를 가져온다. 지금도 많은 조직이 중년 이상의 간부나 임원 또는 고연령 사원들의 디지털 재교육을 고심하고 있다는 점을 생각하면, 이것이야말로 게임화가 갖는 또 다른 중요한 기능이라 볼 수 있다. 물론 MZ세대 사이에서도 게임은 다양한 디지털스킬을 익히는 데 효율적 도구로 활용된다. 게임을 하다 보면 자기도 모르게 디지털기술의 문법이나 방법론을 익히게 되는 경우가 많기 때문이다.

게임은 디지털기술이 지닌 미래 역량의 시금석이다. 대개 하나의 게임에는 당대의 거의 모든 첨단기술이 구현된 경우가 많다. 과거 많은 기술은 전쟁이라는 참혹한 현실을 딛고 발전을 거듭하곤 했다. 금속, 조선, 항공, 화약, 의학 기술 등이 전쟁을 거치며 비약적으로 발전해온 것이 사실이다. 오늘날에는 바로 그 역할을 '게임'이 한다고 말할 수 있다. 게임에서 사용된 기술이 금세 타 분야로 확산되는 경우가 점차 많

---

[54] "디지털 전환이 생산성 및 고용에 미치는 영향" (2021. 6. 11). 〈해외경제 포커스〉. 한국은행.
[55] Jackson, N. C. (2019. 8). Managing for Competency with Innovation Change in Higher Education: Examining the Pitfalls and Pivots of Digital Transformation. *Business Horizons*.

아지고 있다.[56] 그래서인지 우리는 게임을 할 때 마치 미래 세계의 한 단면을 보는 느낌을 갖게 되곤 한다.

게임이 기업의 비즈니스에 도입될 경우 임직원의 디지털기술 이해력 제고에 큰 도움이 될 수 있다.[57] 디지털기술을 학습하는 일은 자칫 어렵고 지루한 일이 되기 십상이지만 자발적으로 몰두하기 쉬운 게임을 활용할 경우에는 얘기가 달라진다. 기업이 실행하는 CRM(Customer Relationship Management, 고객관계관리), 디지털 사무환경, 서비스 경영, ERP(Enterprise Resource Planning, 전사적 자원관리) 등이 게임의 재미 요소를 통해 빠르게 직무 정보, 스킬로 전환될 수 있다.

게임화의 덕을 톡톡히 볼 수 있는 분야로 특히 거론되는 것이 '지식경영(KM, Knowledge Management)'이다. 게임화가 직원들 간의 지식 및 정보 공유를 촉진함으로써 조직의 지적 수준이 제고될 수 있기에 그렇다. 조직의 지식경영 담당자 또는 교육 담당자는 게임을 활용해 지루하고 복잡한 지식을 전달하는 데 직원 개인의 자발적 노력을 십분 활용할 수 있다.

일례로 델타항공은 임직원을 위해 항공사 직원의 필수 지식인 항로, 예약 시스템, 세계 지리 등을 배울 수 있는 'Ready, Set, Jet'이라는 교육용 게임을 도입했다. 이 게임은 '교육은 지루한 것'이라는 통념을 깨뜨리며 기대 이상의 성과를 거두었다. 회사가 업무 시간에는 이 게임

---

[56] 정교한 CG, 아바타 창출 등은 본래 게임에서 요구된 기술이다.
[57] Murawski, L (2020. 10). Gamification in Human Resource Management-Status Quo and Quo Vadis. *Human Resource Management*, Vol. 35(3), p.337-355.

을 하지 못하도록 했는데도 불구하고, 도입 첫해에 직원들이 1년 만에 평균 4년치 교육을 받은 것과 동일한 성취를 보여줄 정도로 참여 열기가 뜨거웠다. 일반 직무교육의 경우 직원들이 다소 기피하는 모습을 보이던 것과는 상반된 결과였다. 또한 이 과정에서 회사는 직원들의 디지털 역량이 빠르게 증가하고 있음을 확인할 수 있었다. 교육 내용은 대부분 온라인상에서 습득될 수 있었는데 직원들이 그것들을 찾아내고 습득하는 데 들이는 시간은 점점 더 짧아졌던 것이다.

2부

비즈니스를 게임화한 기업들

2부에서는 비즈니스의 게임화에 대하여 본격적으로 논의한다. 비즈니스의 게임화를 혁신, 채용, 교육 및 훈련, 마케팅, ESG 등 다섯 개 분야로 나누어 이야기해본다. 비즈니스의 게임화가 가장 빈번하게 시도되는 곳이 바로 이 다섯 개 분야이기 때문이다.

1장

혁신:
'혁신의 피로감' 이겨내기

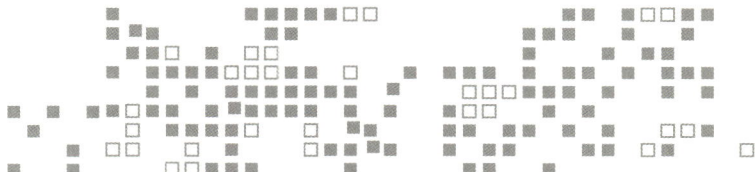

게임으로 혁신하기

게임화는 조직 내부의 '소통 단절'과 '부문 이기주의'를 극복하는 훌륭한 혁신 수단이 될 수 있다. 게임은 다른 플레이어와의 유대감을 매개로 하는 일종의 '인정(recognition) 프로그램'이기 때문이다. 즉, 게임에 참여한다는 것은 그 세계 안의 관계성을 수용하고, 그 세계의 일원이 되기를 스스로 선택하는 행위인 것이다.[1]

지금까지 조직은 과업의 흐름을 원활하게 하고 부문 간 소통을 촉진하기 위해 '리엔지니어링(re-engineering)'을 수행하거나, 비대해진 조직을 축소하는 '리스트럭처링(restructuring)'을 실시하곤 했다. 그러나 이러한 혁신행위는 조직 구조를 인위적으로 변경하는 방식이어서 한 번 실행할 때마다 조직에 엄청난 충격을 안긴다. 그때마다 조직 분위기가 흉흉해지며 각종 소문이 떠돌곤 하여 임직원들은 좀처럼 업무에 집중하기가 어려워진다. 이런 상황이 조직의 손해로 돌아오게 됨은 말

---

[1] 캐나다의 철학자 브라이언 마수미(Brian Masumi)는 어떤 조직이나 공간에의 '입장(入場)'을 매우 중요한 의식(儀式)으로 여긴다. 자발적 입장과 참여야말로 변화가 작동하기 위한 플랫폼이라는 것이다. 브라이언 마수미 (2018). 《정동정치》. 조성훈 역. 갈무리.

할 것도 없다. 이러한 손해를 무릅쓰고 리엔지니어링, 리스트럭처링을 실행하는 것은 조직 내 이기주의, 부문 간 불통이 회사에 미치는 피해가 너무나도 막대하기 때문이다.

그런데 혁신을 실행하는 데 있어 가장 큰 딜레마는 임직원의 행위가 '회사에 도움이 되느냐, 안 되느냐?'를 판단하는 문제가 아니다. 그것이 중요하지 않다는 이야기가 아니다. 그 판단 자체는 그다지 어렵지 않다. 즉, 이것은 조직 내 중지를 모으면 쉽게 판단할 수 있는 문제이다. 정작 현장에서 느끼는 가장 어려운 문제는 회사와 부문, 부문과 부문, 개인과 개인의 이익이 충돌할 때 생겨난다. 그래서 현대 경영이론의 핵심을 이루는 '지배구조(governance) 분야'는 바로 이 문제를 극복하는 데 초점을 맞추고 있다. 그러나 지배구조를 개선하는 것만으로는 문제의 완전한 해결에 이르지 못한다. 만약 회사의 이익을 최우선시하다 보면 그로 인해 개인과 부문은 능동적으로 역량을 발휘하지 않는 상황도 벌어질 수 있다. 반면, 개인과 부문의 이익을 앞세운다면 공적 업무를 통해 사적 이익을 도모하는 기회주의적 태도가 팽배해질 수 있다. 종래 기업들이 실행한 많은 혁신이 실패로 귀결되었다면 아마도 이 문제를 극복하지 못한 탓이 클 것이다.

그러나 게임화를 활용한다면 이 문제에 훨씬 수월하게 접근할 수 있다. 앞서 말했듯 게임화는 참여와 인정의 프로그램으로서 이러한 난제에 맞설 수 있는 매우 유용한 수단이다. 게임을 통해 임직원들이 조직 소속감을 느끼면서 동료와의 유대감을 제고하는 한편 전사적 관점을 자발적으로 수용할 수 있을 것이기 때문이다.[2]

아래 지멘스의 사례에서 보듯 게임화의 실행은 복잡할 필요도, 많은 시간을 투자할 필요도 없다. 모든 참가자는 그저 게임을 즐기기만 하면 된다. 그사이에 혁신의 목표가 달성될 것이다. 지멘스는 가상의 공장 짓기 게임 '플랜트빌(Plantville)'을 통해 내부 임직원들로 하여금 전사 업무 흐름과 시스템, 다른 파트 업무에 대한 이해를 도모하고 전사적 협력 마인드를 제고할 수 있었다.

지멘스의 가상 공장 짓기 게임, '플랜트빌'

엔지니어링이 주업종인 지멘스(Siemens)는 핵심 엔지니어를 제외하면 마케팅 및 지원 파트 직원의 엔지니어링에 대한 직무 이해도가 현저히 낮아 고민이 많았다. 엔지니어링 부문과 여타 부문이 업무적으로 어떻게 연관되는지 그 관련성을 이해하지 못하면 자신의 직무가 전체 업무 흐름 속에서 어떤 의미를 갖는지 파악하기가 어려웠다. 이에 따라 지멘스는 회사 전체의 밸류체인(value-chain)을 전 직원이 잘 이해할 수 있도록 수차례 사내 교육을 실시했지만 효과가 미미했다.

고민 끝에 경영진은 회사 업무의 배치 및 흐름을 '플랜트빌(Plantville)'이라는 게임으로 구현하여 이를 통해 직원들이 다른 부문의 업무를 생생히 그리고 세세히 경험할 수 있도록 했다. 플랜트빌은 '심시티(SimCity) 게임'[3]처럼 온라인 공간에 회사와 공장의 모습을 실제와

---

2 Why Gamification is a Great Tool for Employee Engagement (2021. 10. 14), 〈CIO.com〉.
3 도시 만들기 시뮬레이션(simulation) 게임(1989년 출시).

유사하게 만들어나가는 비디오게임이다.

플랜트빌 게임 프로그램이 시작되자 직원들은 높은 관심과 호기심을 보였으며 학습효과도 매우 높았다. 직원들은 플랜트빌 게임을 통해 실제 지멘스에서 진행 중인 사업을 경험하며 자신의 분야가 아닌 업무도 쉽게 이해할 수 있었다. 예를 들어, 엔지니어링 업무에 대한 이해도가 높아지자 기술팀에서 올리는 부품 구매 내역서를 재무팀이 더 잘 이해할 수 있게 되었으며, 인사팀은 현재 추진 중인 프로젝트에 필요한 인재 유형을 더 정확히 파악할 수 있었다. 그 결과 부문 간 업무 처리 시간이 단축되었으며 소통 또한 이전보다 원활해졌다.

게임의 성과에 만족한 지멘스는 이 게임을 외부에도 공개하여 일반인도 참여할 수 있도록 했으며, 지금은 이런 방식으로 게임을 기업 홍보와 신입사원 모집 등에도 적극 활용하고 있다.

이처럼 기업은 자사의 비즈니스를 게임화함으로써 과업의 흐름에 대한 임직원의 이해도를 향상시키고 나아가 과업 완수를 통해 얻게 되는 회사의 이익과 개인의 이익을 동일시하도록 촉진할 수 있다. 즉 게임화를 통해 비즈니스를 바라보는 임직원의 안목을 일신하고, 자원을 가장 적절하게 배치, 배분하는 효과를 얻는 것이다. 한마디로 게임화를 활용하면 기업은 과거 리엔지니어링과 리스트럭처링을 동시에 실행하는 것과 같은 성과를 얻을 수 있다. 그 실행에 따른 충격은 최소화하면서도 말이다.

게임화, 새로운 경쟁의 룰을 도입하는 수단

한 기업이 새로운 시장에 진출하는 일은 쉽지 않다. 이미 시장을 장악한 기존 플레이어들은 새로운 진입자에게 쉽게 자리를 양보해주지 않는다. 소비자들도 웬만해서는 현재의 거래 패턴이나 구매처를 바꾸려 하지 않을 것이다. 그래서 막대한 자금과 시간을 들이고도 시장 진입에 실패하는 경우가 적지 않다.

이럴 때 게임화는 시장에 새로운 경쟁의 룰을 도입하는 좋은 도구가 될 수 있다. 후발 기업이 기존 경쟁의 틈을 비집고 들어가는 것이 아니라 자신만의 경쟁 룰을 창조함으로써 경쟁을 우회하는 방식이다. 즉, 기존 플레이어와 경쟁하는 것이 아니라 고객과 직접 접촉하는 새로운 게임을 도입하는 것이다.

이 방법은 후발 기업이 진출 초기부터 시장 주도권을 장악하도록 만들어줄 수 있는데, 왜냐하면 게임화는 산업이나 업종의 속성에 재미라는 요소를 부가함으로써 고객의 자발적 유입을 유도하는 수단이 되기 때문이다. 게임화가 성공적으로 진행될 경우 고객들은 기존 상품과 서비스를 새로운 관점에서 보게 될 것이고, 그 결과 기존의 시장이 새로운 시장으로 리셋 되는 것이다.

이렇게 되면 신규 진입자도 기존 플레이어와 대등하게, 아니 더 앞선 지위에서 경쟁하는 일이 가능해진다. 사실 경쟁이란 기업들 입장에서나 중요하지 고객 입장에서는 별로 대수로운 문제가 아니다. 작은 물건 하나를 구매하더라도 좀 더 재미있는 경험을 할 수 있다면 그편을 선택할 뿐이며, 이는 매우 자연스러운 구매의 흐름이다.

| 카카오뱅크의 정기적금 게임화, '26주 적금' |

카카오뱅크는 종래 지루하기만 했던 은행 거래를 재미있는 과정으로 만들어냄으로써 은행업 진입에 성공한 대표적 사례다. 2017년 카카오뱅크는 디지털은행 사업에 진출하면서 기존 적금 상품에 게임화 원리를 적용하여 선풍적 인기를 끌었다. 카카오뱅크가 새로운 적금 게임을 도입하기 전까지 정기적금은 고객들에게 그저 끈기와 인내를 요구하는 상품이었다. 하지만 카카오뱅크는 게임화를 통해 그 끈기와 인내를 재미라는 요소로 바꾸었다. 게임 심리를 자극하는 도전 및 보상 시스템을 최대한 활용하는 신개념의 적금 상품을 선보인 것이다.

게임 심리에 기반한 카카오의 '26주 적금'은 단숨에 화제의 중심에 섰으며 기존 은행업계의 경쟁구도를 뒤흔들 정도로 크게 성공했다. 카카오뱅크의 '26주 적금'에 가입하면 고객은 앱에서 26주 적금 진행 상황을 한눈에 확인할 수 있으며 매주 납입에 성공할 때마다 '목표 달성 캘린더'에 카카오프렌즈 캐릭터가 자리를 채워주었다. 또한 26주간 이어지는 도전 현황을 메신저나 사회관계망 서비스(SNS)로 가족이나 친구들과 공유할 수도 있다. 게다가 납입을 유지하면 그 보상으로 약정금리에 더해 우대금리가 제공된다.[4]

이 상품은 특히 SNS를 활발하게 사용하는 젊은 층에서 크게 주목받

---

4 2024년 7월 현재 7주차와 26주차 완납 시 두 번에 걸쳐 우대금리를 제공한다고 안내하고 있다.

적금 상품에 게임화 요소를 도입한 카카오뱅크 '26주 적금'
자료: 카카오뱅크

았다. 2018년 6월 출시 이후 245일 만에 가입자 수 100만 명을 넘긴 이 상품 가입자의 65% 이상이 MZ세대인 것으로 나타났다. 카카오뱅크의 게임화는 단지 한 기업의 실적 쌓기에 유용한 수단으로 그치지 않고 저축을 소홀히 해오던 신세대가 새로운 관점으로 저축을 바라볼 수 있도록 해준 모범 사례다.

　게임화는 기존 시장에서 고객이 습관적으로 해오던 행위를 간단한 게임으로 구현함으로써 고객을 자사의 비즈니스 경계 안으로 끌어들이거나 고객의 아이디어가 맞춤화된 신제품 개발로 연결되도록 할 수 있다. 고객은 단지 자신이 선호하는 게임을 즐길 뿐이지만 이 과정에서 기업은 고객의 선호를 파악하여 고객의 니즈가 정확히 반영된 신제품을 출시할 수 있다.

오늘의집의 구매 과정 게임화, '기록 챌린지'

고객의 구매 과정에 게임 원리를 도입하여 성공한 사례로 '오늘의집'도 주목할 만하다. '오늘의집'은 고객의 일상적 인테리어 행위를 게임화함으로써 신규 고객 창출은 물론 기존 제품의 새로운 활용 방안도 찾아낼 수 있었다. 남보다 멋진 인테리어를 선보이고 싶다는 고객의 경쟁 심리를 자극하고 스스로 구매의 선택지를 발굴하도록 함으로써 고객의 보람과 자부심을 충족시킬 수 있었던 게임화의 성공 사례다.

'오늘의집'은 인테리어 제품에 대한 MZ세대의 수요가 급증하고 있다는 사실을 간파하고 디지털기기 활용에 능한 소비자 특성을 십분 반영해 기존의 단조로운 거래를 게임으로 재탄생시켰다. 이 게임은 고객을 신규로 유인할 뿐 아니라 자사의 기술적 스펙에 고객을 '락인(lock-in)' 하는 효과도 발휘하므로 자신의 경계 안에 일단 들어온 고객을 지속적으로 유지하는 훌륭한 수단이 되었다.

'오늘의집'은 사전 설문조사를 통해 고객의 주류인 MZ세대가 예쁘게 꾸며진 집을 보며 대리만족하는 욕구가 상당하다는 사실을 확인하고 고객들이 온라인에서 서로의 인테리어를 둘러보며 경쟁할 수 있는 게임의 장, 이름하여 '오늘의집 기록 챌린지'를 기획했다.

이 게임은 다른 참여자가 게시한 인테리어에 대해 리뷰를 작성할 경우 현금화가 가능한 포인트를 제공하는 방식으로 진행되었다. 인테리어 리뷰뿐 아니라 멋진 사진이나 댓글을 올려도 포인트를 제공했으며, 사진 이미지에 태그된 인테리어 소품을 누르면 제품의 이름과 가격이 나오도록 설계했다. 추가로 클릭하면 판매 사이트로 연결되도록 하여 바로 구매가 가능했다.

 고객 참여가 급증하면서 게임이 활성화하자 회사는 매출이 증대되는 것은 물론 고객 리뷰를 바탕으로 신제품을 기획하는 데도 큰 도움을 받았다. '오늘의집'은 2016년 온라인 스토어를 시작한 이래 2020년까지 TV나 라디오 등 기성매체를 통한 CF를 전혀 활용하지 않고도 업계 최초로 누적 앱 다운로드 1,000만 건을 돌파했으며, 업로드된 인테리어 이미지가 310만 건에 달해 업계에서 가장 많은 보유량을 지닌 업체가 되었다.

지루한 업무도 즐거운 게임으로 바뀐다

 게임화를 활용하면 회사에서 감당해야 하는 다소 지루한 작업도 재미있는 오락처럼 진행하는 것이 가능하다. 평범한 일도 게임이 되면 흥분과 자극을 유발하며, 마치 모험을 수반한 여행처럼 느껴지게 할 수 있기 때문이다. 사실 대다수 직원은 일상 업무로부터 그다지 재미를 기대하지 않는다. 다만 조금이라도 지루함을 덜 수 있다면 그것으로 만족하는데, 사실 이 정도만 되어도 게임화의 활용 가치는 충분하다고 볼 수 있다.

 마이크로소프트(MS)는 자칫 지루해질 수 있는 사내 업무를 간단한 형태의 게임으로 전환함으로써 기대 이상의 성과를 거두었다. 이 회사는 새로운 소프트웨어를 출시하기 전 프로그램 버그와 오류를 확인하는 과정을 거치는데 이는 비교적 단순하고 지루한 작업으로 모든 임직원이 기피하는 업무 중 하나였다. MS는 이 문제를 극복하기 위해 이 작업을 게임화했다.

| MS의 소프트웨어 오류 찾아내기 게임화 |

MS가 윈도7 출시를 앞두고 있을 때의 일이다. 소프트웨어 테스팅 그룹은 각 언어별로 발생할 수 있는 오류를 사전에 잡아내야 했다. 이 작업은 각 국가별 언어의 기능과 용례를 일일이 검토하고 언어별 대화상자를 확인해야 하는 지루하기 짝이 없는 일이었다.

그래서 회사 내의 소프트웨어 테스팅 그룹은 전 직원을 대상으로 '언어 품질 게임(language quality game)'을 실시했다. MS 직원이면 누구나 이 게임에 참여할 수 있었으며, 참가 플레이어가 오류를 포착할 때마다 포인트를 부여하고 성과를 리더 보드에 게시했다. 때로는 참가자의 의욕을 자극하기 위해 일부러 오류와 오역을 배치하기도 했다. MS 직원들은 자신의 담당 업무가 아님에도 이 게임에 자발적으로 참여하여 오류를 포착해내는 능력을 과시했으며 일부 참가자들은 "즐거웠고, 심지어 중독성이 있다."라고 말하기도 했다.

업무의 게임화는 단지 재미를 부가하는 데 그치지 않는다. 업무를 게임화하면 성과에 대한 즉각적 피드백이 가능해지고 조직 구성원들은 자신이 관심을 받고 있다고 느끼게 되며 그것이 과업에 대한 자부심으로 이어질 수 있다. 누군가의 인정은 그 자체만으로 큰 동기부여 요소가 될 수 있기 때문이다. 이 점에 대해 게임화 컨설턴트이자 게이미피케이선닷코(Gamification.co)의 CEO 게이브 지커만(Gabe Zichermann)은 신속한 피드백을 통해 자신의 성과를 확인할 때 사람들은 스스로 운명을 통제한다는 느낌과 함께 자부심을 갖게 된다고 말했다.

미국 유통업체 타깃(Target)과 아마존(Amazon)의 게임화 사례는 이 사실을 잘 보여준다. 이들 기업은 비교적 단순하고 지루해지기 쉬운 현장 작업을 게임화하여 업무 효율을 크게 개선했다.

타깃의 정산 업무 게임화

미국의 유통 대기업 타깃은 언제부터인가 계산대 대기 시간이 너무 길다는 고객불만 접수 건수가 많아졌다. 회사는 계산대 수를 늘리기로 계획을 세웠지만 그에 앞서 계산원들이 어떻게 일하는지부터 살펴보기로 했다. 그 결과 일부 직원들은 업무 태도가 지나치게 산만하여 과업 집중도가 낮은 것으로 파악되었다.

타깃은 정산 직원에 대한 과업 피드백이 제때 이루어지고 있지 않다는 판단에 따라 이를 해결하기 위해 간단한 정산 게임을 도입하기로 했다. 계산대 가까운 곳에 신호등을 설치하고 고객들이 구매한 물건을 컨베이어 벨트 위에 올려놓은 후 계산원이 3초 안에 바코드를 찍으면 파란불, 찍지 못하면 빨간불이 들어오도록 한 것이다. 파란불이 일정 개수 이상 켜지면 제품 할인구매권, 고객응대 관련 교육 면제 등 인센티브를 제공하고, 빨간불이 많은 경우에는 추가 교육 또는 보직 변경 등의 조치를 내렸다. 상황이 보다 심각하다고 판단되면 그것이 퇴직 사유가 되기도 했다.

게임을 실시한 후 고객불만은 현저히 줄었으며, 단순 반복 업무로 인한 직원들의 지루함도 해소되어 과업 수행에 대한 자부심이 커지는 효과도 가져온 것으로 파악되었다. 타깃의 사례는 즉각적 피드백을 통해 보상을 지급함으로써 종업원들로부터 긍정적 반응을 도출한 대표 사례이다.

이 사례에서 눈여겨볼 점은 과제가 매우 단순하게 이루어지고 있었으므로 게임화도 단순하고 명확한 형태로 실행되었다는 것이다. 게임화해야 할 작업이 단순 작업일 경우 게임의 룰이 너무 복잡하거나 사전에 알아둘 사항이 많은 것은 바람직하지 않다. 이는 많은 게임화 사례가 전해주는 교훈이다. 물론 복잡하고 전문적인 업무를 너무 단순한 게임으로 전환할 경우에는 부작용을 초래할 수 있음도 기억해야 한다.

아마존의 물류센터 업무 게임화, 'FC 게임즈'

아마존은 물류센터를 게임장으로 변모시킨 사례이다. 타깃과 마찬가지로 단순한 게임 방식을 적용했지만 종업원들이 자발적으로 참여하도록 한 점, 인센티브 지급을 위해 독특한 화폐를 활용한 점 등이 특징이다.

아마존은 미국 내 물류센터 40곳에 게임화 프로그램 'FC 게임즈(FC Games)'를 도입했다. 이 프로그램은 다양한 미니게임으로 구성되는데, 그중 미션레이서(MissionRacer)라는 게임은 일종의 자동차 경주로서 게임에 참여한 노동자의 작업 진척도, 걸음 빠르기, 노동시간 등을 취합해 게임 속 가상 차량의 '속도'가 설정된다. 근로자가 일을 빠르게 할수록 차가 더 빨리 달려 경쟁자를 앞지르게 된다.

　게임에서 좋은 성적을 획득한 근로자는 아마존의 자체 게임머니를 지급받아 자사 매장에서 물건을 구매할 수 있다. 게임이 시작되자 많은 직원이 자발적으로 참여 의지를 보였다. 회사는 이 게임을 통해 단순 작업의 지루함을 덜어주고 배송 처리 속도도 크게 향상시킬 수 있었다.[5]

---

[5] Amazon Expands Effort to 'Gamify' Warehouse Work (2021. 3. 15). The Information.

2장

채용:
스펙을 넘어서

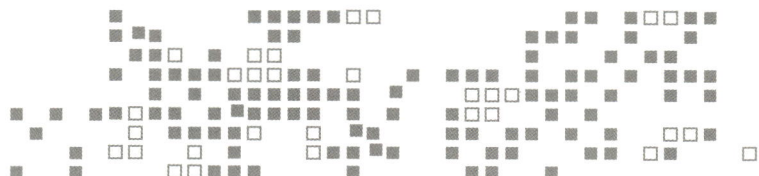

게임으로 채용하기

게임이나 경연을 통해 인재를 구하는 것이 최근의 일만은 아니다. 고대의 신화 등에도 두뇌가 뛰어난 자, 신체 능력이 뛰어난 자 등을 찾아내기 위해 그에 걸맞은 시합이나 게임을 하는 장면이 적지 않다. 현대 국가나 기업에서도 적합한 인재를 구하기 위해 필기, 실기, 면접 등 다양한 방식의 경연, 경주, 게임을 실시한다.

그런데 최근에는 디지털기술의 출현, 특히 인공지능의 출현으로 인해 그 풍경이 크게 바뀌고 있다. 요즘은 개인의 잠재력을 파악할 수 있는 인공지능 기반의 게임을 통해 맞춤형 채용 시스템을 활용하는 기업이 증가하고 있다. 게임화를 활용해 자사에 적합한 인재를 가장 맞춤화된 방식, 즉 개인화(personalization)된 방식으로 채용하는 것이다. 이 방식을 통해 지원자의 잠재적 소질 데이터를 추출, 분석하고 역량을 파악하여 지원자와 기업 간의 공급과 수요의 매칭이 가능해졌다.

이러한 인재 확보 방식이 과거와 비교해 모든 면에서 훌륭하다고는 할 수 없어도 최소한 기업이 원하는 인재를 효과적으로 선발하는 데는 상당히 큰 도움을 준다고 할 수 있다. 보다 섬세한 과정을 통해 인재의 더 많은 측면을 다룰 수 있기 때문이다. 심지어 인재의 드러나지 않은 부분, 내면의 잠재력까지 측정하는 것이 기술적으로 가능해지고 있다.

예를 들어 게임 방식의 역량 검사를 활용하면 응시자의 역량 파악이 과거보다 훨씬 정교해질 뿐 아니라 기존의 인·적성 검사가 지녔던 한계를 상당 부분 극복할 수 있다. 이전의 인·적성 검사는 응시자의 인지적 반응을 검사하므로 응시자가 면접관의 의도에 맞추어 답변을 왜곡할 가능성이 존재한다. 그러나 게임화 방식은 응시자의 비인지적 반응을 테스트하므로 응시자 관련 정보를 보다 심층적으로 파악할 수 있다.

인간에 의한 채용이 지원자의 인성이나 감성 측면을 파악하는 데 유리하다면 인공지능 기반 게임화를 활용한 방식은 방대한 데이터를 기반으로 채용하는 쪽은 물론이고 지원자 본인도 알지 못했던 '숨겨진 역량'을 파악할 수 있다는 장점을 갖는다. 지원자의 역량에 대한 객관적 파악은 인력의 장기 프로파일로 활용할 수 있어 채용 이후 직무 배치와 육성 과정에도 적용할 수 있다.

벤치마크게임즈의 지원자 역량 측정 게임

게임을 통한 인재 채용은 새로운 채용 방식으로서 이를 전문으로 하는 컨설팅 기업들도 나타나고 있는데 헝가리의 벤치마크게임즈(Benchmark.games)[6]가 대표적 기업이다. 이 회사는 게임 플레이를 통

---

[6] 2022년 현재 독일, 네덜란드, 인도, 크로아티아, 스페인 등 다양한 기업을 상대로 게임화 채용 서비스를 제공하고 있다.

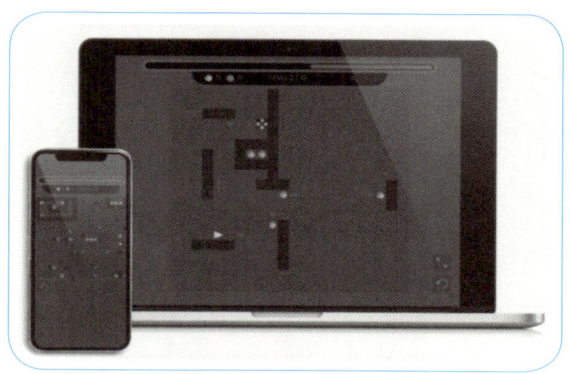

벤치마크게임즈의 '큐리오시티' 게임 화면
자료: 벤치마크게임즈

해 개인의 잠재력을 파악할 수 있는 인공지능 기반 맞춤 채용 시스템을 서비스한다. 일종의 패턴 인식을 위한 도구로서 게임 방식을 활용해 지원자의 인지 능력과 역량을 측정한다. AI 머신러닝 알고리즘을 활용해 지원자들이 어떤 방식으로 사고하고 행동하며, 어떻게 의사결정을 내리는지, 멀티태스킹 능력은 어떠한지 등을 파악하는 것이다.

예를 들어 이 회사의 채용 게임 중 하나인 '큐리오시티(Curiocity)' 게임은 화면 내 종이비행기를 목표 지점까지 보내는 것인데 총 11단계의 레벨에 따라 다양한 장애물과 오브젝트가 등장한다. 응시자가 10~15분의 게임을 하는 동안 AI는 지원자의 사고와 행동, 업무 습득력, 정보 처리 역량, 스트레스 대응력, 적응력 등을 분석한다. 예를 들어 '어떤 패턴으로 의사결정을 하고 행동하는지', '새로운 게임 환경에 유연하게 적응하는지', '멀티플레이가 가능한지' 등 지원자의 면모를 다각도에서 파악한다. 또한 그 결과를 사내 우수 직원의 역량 패턴과 비교하여 인재가 향후 사내에서 올바르게 성장하기 위한 계획을 세우는 등 관리 방향에 대한 정보도 얻는다.

이러한 방식의 채용은 아직까지 매우 전위적이고 실험적인 것으로 인식되지만 비용 대비 성과가 좋은 것으로 평가받고 있어, 기존 채용 방식을 보완할 수 있는 탁월한 보조 수단으로 인정받고 있다. 즉 기업은 큰 비용을 들이지 않으면서 기존 채용의 한계를 보완할 수단을 갖게 된다는 점에서 향후 많은 기업이 이를 활용할 것으로 보인다.

낭비를 줄이고 효율을 높이는 채용 과정의 게임화

지금까지 기업들은 인재를 무작위로 소집, 선발하는 데 막대한 비용을 써왔다. 응시자가 많아지면 소모되는 비용도 늘기 마련이지만 기업들은 이를 인기의 척도로 생각하거나, 우수 인재를 채용할 좋은 기회라 여겨 긍정적으로만 여겨왔다. 하지만 이렇게 되면 채용 관련 업무가 지나치게 많아지고 그 절차는 지루해지기 쉬우며, 시간 및 비용의 낭비도 피할 수 없게 된다.

채용 과정의 게임화는 이러한 낭비를 줄이는 데 많은 도움이 된다. 채용의 전 과정을 게임으로 대체할 수는 없으나 최소한 채용 관련 사전검증이라도 게임으로 대체함으로써 채용 과정을 대폭 간소화할 수

2004년 미국 고속도로변에 등장한 의문의 옥외광고판. 구글이 지원자 사전검증을 위해 제시한 고난도 수학 문제였음이 밝혀졌다.

있기 때문이다.

채용 사전검증의 초기 사례는 구글의 옥외광고에서 찾아볼 수 있다. 2004년 구글은 매사추세츠주와 캘리포니아주의 도로변 옥외광고판에 고난도의 수학 문제를 제시한 다음 이것을 풀어 답을 구한 사람에게만 다음 단계로 갈 기회를 주는 채용 절차를 실행했다. 수학 문제를 두고 회사가 응시자와 풀이를 둘러싼 게임을 벌인 것이다. 향후 밝혀진 바로는 출제 문제가 너무 어려웠는지 한 사람도 채용하지 못했다고 한다. 그러나 이 일은 구글이라는 회사의 성격, 구글 브랜드의 혁신적 이미지를 잘 보여준 일화로 남아 있다.

국내의 취업 및 채용 솔루션 기업인 사람인이 2022년 2월에 국내기업 560개 사를 대상으로 실시한 조사에 따르면 조사 대상 기업 5곳 중 3곳은 AI 도입이 채용에 도움이 된다고 응답한 것으로 나타났다. 기업들은 채용 비용 감소, 채용 효율성 향상, 공정성과 투명성 확보 등을 AI를 활용한 채용의 장점으로 꼽았다. 그러나 채용 과정에서 실제로 AI를 활용하는 기업은 고작 6.1%에 그치고 있어, 향후 이 분야에서 AI 도입이 보다 활발히 이루어질 것임을 짐작하게 했다.

유니레버의 인공지능 기반 채용 게임화

글로벌 기업들은 인재를 무작위로 소집, 선발하는 데 따른 시간과 인력 낭비를 줄이기 위해 채용 과정에 게임을 적극 활용하고 있는데, 대표적 사례가 글로벌 소비재 기업 유니레버이다. 유니레버는 채용 과정에 인공지능 기반 게임을 도입하여 채용에 소요되는 기간을 크게 단축하고 서류 심사를 최소화하는 등 소기의 목표를 달성한 기업으로 알려져 있다.

최근까지 유니레버는 1년에 3만 명가량의 신규 인원을 채용하기 위해 약 180만 건이 넘는 입사지원서를 처리해왔다. 이 과정에서 막대한 비용과 시간이 소요되었음은 물론이다. 이에 유니레버 사는 채용 프로세스를 효율화하기 위해 채용 절차를 4단계 평가로 나누고, 인공지능의 도움을 받아 부적합한 후보를 단계별로 걸러내는 일을 시작했다. 채용 프로세스를 단계별, 모듈별로 분리하고 인공지능이 처리할 수 있는 과정에는 인력 개입을 최소화한 것이다. 이때 채용 과정이 지루해지지 않도록 게임 방식을 채택하여 직무 능력 파악을 위한 온라인 게임을 실시했다.

지원자의 정서, 마음가짐, 위험관리, 보상 추구 성향, 행동 대응 등 성향 및 기질을 파악하는 게임부터 추론, 계획, 제어, 정보처리, 학습능력 등 인지·지능과 관련한 게임까지 다양한 방식의 게임이 실행되었다. 이렇듯 게임 방식으로 설계된 AI 기반 역량 검사를 통해 유니레버사는 기업문화에 대한 적합도와 직무 적성을 평가할 수 있었다.

그 결과 채용 비용 감소, 지원자의 흥미 증가, 채용 결과에 대한 신뢰도 증가라는 다양한 긍정적 지표를 확인할 수 있었다. 최종 인터뷰 단계에서의 합격률을 80% 수준까지 높일 수 있었으며, 최종 입사를 제안하는 단계에서의 인재이탈률도 크게 낮출 수 있었다.[7]

게임화를 하면 '채용 과정'도 즐겁다

현재의 인력 시장에서 채용 대상의 주류로 부상한 MZ세대는 게임을 통한 채용 방식을 어떻게 바라볼까? 그들은 채용 방식의 게임화에 높은 관심을 보이며 매우 우호적인 태도를 갖는 것으로 나타났다. 게임을 좋아하는 MZ세대는 자신의 채용이 게임에 의해 좌우되는 것에 대해 거부감이 적다. 게임에 대한 신뢰도가 이전 세대에 비해 높기 때

---

[7] How Unilever Uses Artificial Intelligence to Recruit and Train Thousands of Employees Each Year (2018. 12). LinkedIn.

문이다. 벤치마크게임즈의 CEO 다비드 스질라기는 "채용 과정을 게임으로 진행할 경우 대부분의 MZ세대는 지원하는 문제뿐 아니라 그 결과에 대해서도 더욱 수용적이고 오히려 호의적 태도를 지니기도 한다."라고 했다.[8]

기성세대 상당수는 게임을 통한 채용을 '너무 가볍다.'라거나 '신뢰성이 부족하다.'라고 생각할 수 있다. "게임으로 채용을 결정하다니 말이나 되는 소리인가?" 그러나 젊은 세대는 생각이 다르다. 나아가 그들 상당수는 게임 방식의 채용이야말로 전문적이고 과학적인 근거를 바탕으로 하므로 더 객관적이고 더 높은 신뢰성을 지닌다고 생각하기도 한다.

글로벌 컨설팅 업체 에이온(Aon)의 조사에 따르면 게임 방식의 채용에 대해 응시자의 91%는 채용 기업에 '긍정적 느낌을 갖게 되었다.'라고 응답했고, 93%는 '전통적 채용 방식보다 호감을 갖게 되었다.'라고 했으며, 88%는 '평가 결과가 투명하고 공정하다.'라고 답했다.[9] 응시자들은 대부분의 조사 항목에 대해 긍정적으로 응답했으며 특히 진행 과정의 객관성과 전문성, 결과에 대한 투명한 공개 등을 호의적으로 평가했다.

실제로 채용 게임은 외관은 단순하지만 그 바탕에는 인간의 행동을

---

[8] "게임화를 통한 과학적 채용 및 인사조직관리의 진화발전" (2021. 12. 16). 제1회 국제 게임화 컨퍼런스 발표.

[9] Gamified Assessment by Aon: Engaging, Innovative, Proven. 〈https://assessment.aon.com/en-us/gamified-assessment〉.

연구하는 다양한 학문적 이론이 뒷받침되어 있다. 게임의 설계에는 게임 전문가는 물론 '직무 및 조직 심리학자', '인사관리 전문가', '조직행동 전문가' 등 인사 전문가가 참여하며, 채용의 모든 프로세스는 객관적 데이터 처리를 기반으로 진행된다. 오랜 세월 검증된 인사 및 조직 이론에 바탕을 두고 채용 방향과 목표, 측정해야 할 역량 등을 세밀히 구성한 후 이를 게임화하여 실행에 옮기는 것이다.

종래 채용은 두렵고도 긴장되는 과정의 연속이었다. 기업들은 큰 비용과 긴 시간을 소요해야 했으며, 응시자 또한 상당한 스트레스를 감내하지 않으면 안 되었다. 그러나 채용 방식의 게임화가 확산된다면 이후로는 채용의 풍경도 바뀌게 될 것이다. 기업들은 비용을 절감하면서도 채용의 객관성과 타당성을 더 높일 수 있으며, 응시자들은 채용 과정에서 겪는 고민과 부담을 덜고 즐거운 이벤트처럼 받아들이게 될 것이다.

이러한 게임화 채용은 젊은 세대의 호의적 반응에 힘입어 점차 확대될 전망인데, 국내에서도 넥슨 등 디지털 또는 게임 기반 기업을 필두로 점점 늘어나는 추세이다.

'바람의나라' 넥슨이 선보인 '채용의 나라'

넥슨(Nexon)은 2021년 MZ세대를 대상으로 한 채용 설명회 '채용의 나라'를 자사 게임공간을 재현한 멀티버스 공간에서 실시하여 지원자들의 뜨거운 호응을 받은 바 있다. 지원자들은 직접 회사를 찾아가는 이동의 수고와 경비를 덜 수 있었고, 회사가 온라인으로 제공하는 각종 서비스를 제공받을 수 있었다. 회사는 비용을 절감할 수 있었고, 멀티버스 공간으로 자사에서 출시한 온라인게임 맵을 활용함으로써 회사 및 제품 홍보 효과를 거둘 수 있었다.

먼저 넥슨은 멀티버스 공간에 자사의 대표 온라인게임 '바람의나라'의 게임 맵과 본사 사옥 등을 구축하고 이곳에서 채용 설명회를 개최했다. 구직자들은 자신의 아바타를 생성해 입장할 수 있었으며, 다양한 공간을 거닐며 주최 측 인사 및 다른 참가자들과 자유롭게 소통할 수 있었다.

채용 설명회에서 넥슨은 공간별로 방문자 이벤트를 실시했다. 2, 3층 상담 부스에서는 넥슨의 각 직군을 대표하는 직원들이 비대면 상담을 진행해 회사와 업무 관련 정보를 제공했으며, 경품 응모 이벤트를 열거나, 넥슨에서 출시한 여러 가지 게임을 무료로 즐길 수 있는 공간도 별도로 설치했다.

채용 설명회를 성황리에 마친 넥슨의 채용 담당자는 "많은 방문자분들께서 '역시 게임 회사답다' 또는 '매우 신선했다' 등의 반응을 보였다."라고 소감을 피력했다.[10]

최근의 급격한 인구 감소 추세 속에 향후 기업들은 젊은 인재를 확보하는 일에 지금보다 훨씬 많은 노력을 기울이게 될 것이다. 뛰어난 인재를 만나고 싶다면 회사가 그들과 처음 접촉하는 장소인 채용의 장이 매력적으로 보이는 일도 더 중요해질 것이다. 이런 점에서 본다면, 채

---

10 "넥슨, 메타버스 채용설명회 '채용의 나라' 개최" (2021. 9. 1). PNN.

용에서 게임 방식을 도입하는 것은 회사가 인재들에게 매력을 어필할 좋은 기회이자 경로가 될 수 있으리라 예상된다.

3장

**교육/훈련:
게임하며 성장한다**

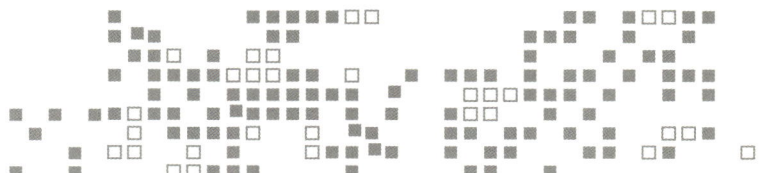

한 번의 게임이 열 번의 강의보다 낫다

직원교육을 리워드가 걸린 게임으로 전환하면 직원들이 열정적으로 교육 과정에 참여하도록 유도할 수 있다. 조직 내 교육/훈련의 게임화에서 무엇보다 중요한 것은 피교육자들의 '자발적 참여'이다. 사실 모든 형태의 교육에서 자발성은 교육효과를 극적으로 제고하는 가장 중요한 요인으로 꼽힌다. 왜냐하면 그것이 피교육자가 교육 내용에 몰입(commitment)하느냐 마느냐를 좌우하는 가장 중요한 전제이기 때문이다. 한때 유행한 '자기주도 학습'도 결국 교육받는 당사자의 자발적 참여를 강조하는 개념이었다.

전문가들은 교육의 게임화에 대해 게임 속에서는 내가 주인공이 되므로 더욱 몰입하게 되고 주도적 학습이 가능하다고 말한다. 게임은 기존 현실세계의 위계질서를 리셋(reset)하고 저마다 주인공으로 새롭게 출발할 기회를 모두에게 부여한다. 내가 주인공이 된 게임세계 속에서 인생 2막과 3막이 다시 시작되는 것이다. 그렇게 게임에 몰입하다 보면 학습효과는 저절로 오르기 마련이다.

미국의 교육재단 카우프만재단(Ewing Marion Kauffman Foundation)

은 교육의 게임화와 관련해 흥미롭고도 파격적인 실험 결과를 보여주었다. 그것은 '게임 기반의 수업'과 '강의 잘하는 교사의 수업'을 비교한 결과였다. 놀랍게도 게임 기반의 수업이 진행되었을 때 학생들의 학습 몰입도가 108%로 나타나, 강의 잘하는 교사의 경우(17%)보다 거의 7배나 높았다.[11] 그리고 이 차이는 아마도 학생의 연령이 낮을수록 더 커질 것으로 예상된다.

기업에서도 사정은 다르지 않다. 기업은 게임화를 통해 임직원들의 바람직한 행동 변화를 유도할 수 있다. 구글은 임직원들이 국내외 출장 후 경비 정산을 누락하는 경우가 많자 정산 과정을 보상이 있는 게임으로 만들었다. 출장에서 남은 잔돈을 모아 임직원의 이름으로 자선단체에 기부하거나 다음번 출장에 사용할 수 있도록 조치하고 그 결과를 공개한 것이다. 그러자 놀라운 변화가 일어났다. 출장 경비 정산율이 거의 100%에 근접하는 수준으로 치솟은 것이다. 더욱이 정산이 잦아진 부수 효과로서 관련 부문들 간에 화기애애한 분위기가 형성된 것으로 나타났다. 잔돈 정산이 리워드를 수반한 게임이 되자 이를 대하는 임직원의 태도에도 변화가 일어났던 것이다.

게임에 참여하는 행위는 그 자체로 모종의 긍정적 감정을 강화하며[12] 이것이 행동 변화와 학습 성취를 촉진하는 효과를 가져온다. 특히 쌍방향의 능동적 커뮤니케이션에 익숙한 MZ세대는 기존의 주입식 교육

---

11 "[아이비리그 출신 김기영 대표의 IT교실 수포자를 위한 공부법」(2020. 5. 6). 《조선에듀》.
12 도파민과 엔도르핀 등 행복감을 주는 호르몬을 분비한다.

에 식상하다는 반응을 보이곤 한다.

| 월마트의 사내 안전교육 게임화 |

월마트는 사내 안전교육을 게임화하여 직원 참여를 제고한 긍정적 사례를 남겼다. 월마트는 미국 내 8개 물류센터 안전교육을 위해 안전 정책 학습을 퀴즈 형식으로 진행했다. 교육 중 획득한 점수에 대해서는 보상을 제공하고 틀린 답안에 대해서는 피드백을 통해 학습을 제공하는 방식이었다.

게임화 초기에 직원들은 주로 자신들이 게임에서 획득한 점수와 순위에 대해 이야기했다. 게임 방식으로 진행된 교육이 참신하고 인상적이었던 것이다. 그러다 점차 시간이 흐르면서 더 놀라운 일이 벌어졌다. 어느새 이들 직원이 교육의 내용, 즉 안전규정을 철저히 이행하는 행위의 중요성에 대해서도 언급하기 시작한 것이다. 그 결과 8개 물류 센터의 사고율이 이전 대비 54%나 감소했다.

| LG디스플레이의 메타버스 플랫폼 교육 |

국내에서는 LG디스플레이가 신입사원 교육에 게임화를 활용하고 있다. 이 회사는 코로나 팬데믹 상황 속에서 메타버스 플랫폼과 역할수행게임을 통해 신입사원 교육을 온라인 게임 형식으로 진행했다.

2021년 LG디스플레이는 현장 교육이 곤란해진 팬데믹 상황에 대응하면서도, 교육 몰입도를 제고한다는 두 가지 목표를 동시에 달성하기 위해 '메타버스 플랫폼 교육'을 도입했다. 회사는 파주 등 국내 4곳의 사업장을 구현한 1개의 '메인 홀'과 중간 레벨인 5개의 '그룹 홀', 8명으로 구성된 25개의 '팀 홀'로 이어지는 3단계 네트워킹 공간으로 게임의 장을 구성하여 각 수준에 맞는 교육 및 교류 활동을 실행했다. 신입사원들은 역할수행게임 형태의 온라인 가상공간으로 구성된 메타버스 교육장에서 본인의 아바타로 가상공간을 자유롭게 다니며 동기들과 화상 소통을 하고, 릴레이 미션과 미니 게임 등 다양한 교육 프로그램에 참여할 수 있었다.

교육이 끝난 후 신입사원 91%가 이 같은 온라인 교육 방식이 교육 내용을 더 자연스럽고 심층적으로 전달하고 동기들 간의 친밀한 네트워킹 효과를 발휘한다고 응답했다. 교육에 참가한 한 신입사원은 "코로나로 인해 동기들과 친해질 기회가 없을 줄 알았는데 비록 가상공간이지만 동기들과 함께 교육받는다는 느낌을 받았고 대학 시절 들었던 온라인 수업과 달리 흥미롭게 교육에 집중할 수 있었다."라고 소감을 밝혔다.[13]

회사는 메타버스 교육이 매우 효과적이었다는 반응에 따라 향후에도 다양한 사내 임직원교육 프로그램에 게임화 방식을 확대한다는 방침이다.

---

13 "LG디스플레이, 신입사원 메타버스 태운다" (2021. 7. 8), LG 보도자료.

조직 내 마이크로 학습을 실현시키는 게임화

게임화 교육은 기존 교육에서 미처 채우지 못한 빈 곳을 찾아내 목표에 맞춤화된 교육을 실행할 수 있다. 즉, 게임 방식의 교육을 실행하면 직원의 학습 수준을 리얼타임으로 파악할 수 있으며, 그들 각각에게 핀 포인트(pin-point) 방식으로 세밀하고도 구체적인 교육을 실시할 수 있다.

회사는 게임에 참여하는 개별 직원의 성취를 통해 그들의 장단점을 알 수 있으며, 자원이 풍부하게 공급되는 사이버 공간에서 각자의 창의성을 마음껏 발휘하도록 할 수 있다. 각종 실감 기술의 발달로 사이버 공간에서 펼치는 창조적 실험과 도전에 드는 비용 또한 지속적으로 감소하고 있다. 회사와 피교육 직원의 소통, 피드백이 빈번해질수록 교육의 방향은 정확해질 것이며 성과 개선도 더욱 빠르게 이뤄질 수 있다.[14]

교육 참가자들은 게임화 레벨 측정을 통해 교육 결과에 대한 실시간 피드백을 받음으로써 자신의 현재 상태를 즉각 확인할 수 있다. 직원들이 자신만의 강점과 약점에 대해 구체적으로 알게 되어 조직 내 마이크로 학습(micro-learning)이 가능해지는 것이다. 마이크로 학습이란, 작은 학습 단위(small learning unit), 짧은 시간 단위(short-term

---

14 게임화의 이러한 특성 때문에 게임화를 통한 학습효과는 다른 어느 분야보다도 많은 연구가 이루어져 있는데 독일, 네덜란드 등에서는 IT 학원, 학교에서도 게임화로 얻은 데이터를 활용한 맞춤교육을 제공하고 있다.

unit), 한 번에 소화 가능한 학습량을 실행하는 학습활동을 말한다. 각종 연구에 따르면 올바른 마이크로 학습은 성과 제고, 직장 내의 무기력증 탈피, 구성원 이직률 저하 등에 기여하는 효과를 지닌다.[15]

종래 마이크로 학습은 막대한 비용과 노력을 소요하여 웬만한 기업으로서는 시도하기 어려운 것이었다. 그러나 디지털기술의 발달과 더불어 게임화 기법이 고도화되고 실행 비용이 극적으로 낮아진 덕분에 오늘날에는 이러한 교육 방법이 교육계를 비롯한 다양한 분야로 확산되고 있다.

| **도미노피자의 '피자 메이커 코스'와 '피자 모굴 게임'** |

교육의 게임화를 통해 직원에게 맞춤형 교육을 실시한 사례로 도미노피자가 실행한 '피자 메이커 코스'를 들 수 있다. 도미노피자는 단기간에 조직이 글로벌화되면서 유통 경로 및 제품의 종류가 복잡해짐에 따라 직원교육에 어려움을 겪었고 이를 극복하기 위해 게임화를 도입했다.

'피자 메이커 코스'는 직원들이 빠른 시간에 피자 메뉴를 익히고 피자를 만들어낼 수 있도록 하기 위해 디자인된 게임으로 게임 내 등급, 스코어보드, 가상 시뮬레이션 기능 등으로 지역, 제품 모듈, 임직원별로 맞춤화된 마이크로 학습을 시행했다. 그 결과 신입 직원의 숙련도 향

---

15 Kumar, S. (2021. 7. 1). Microlearning Is How Work Places Will Succeed Moving Forward. Entrepreneur.

피자 모굴 게임에서 이상적인 피자를 구성하는 화면
자료: 피자 모굴 홈페이지

상으로 피자 완성 시간을 단축할 수 있었다. 또한 적절한 토핑 사용으로 비용이 감소하고 고객불만 사례도 감소하는 부수적 효과도 얻었다.

한편 호주 도미노피자는 직원들이 빠른 시간에 피자 메뉴를 익히고 고객이 원하는 피자를 만들어낼 수 있도록 '피자 모굴 게임(Pizza Mogul Game)'을 도입한 바 있다. 고객들이 앱을 통해 자신이 생각하는 가장 이상적인 피자 및 토핑 등을 구성하고 평가를 통해 현금 리워드를 받도록 한 게임이다. 게임이 거듭되면서 고객들이 원하는 피자 및 토핑 종류가 많아지자 이에 대응해 직원들도 점차 피자와 토핑에 대한 지식을 늘려가게 되었고, 이에 도미노피자는 직원들에게도 적정한 리워드를 지급했다.

이 게임을 통해 도미노피자와 고객의 상호작용이 크게 증대했으며 직원들도 지역·제품 모듈별로 구체화된 지식을 축적할 수 있었다. 게임 실행 후 회사는 제품의 품질, 직원만족도, 고객만족도를 모두 높일 수 있었으며 그 결과 제품 판매가 크게 늘어나는 성과를 거두었다고 한다.

로레알의 뷰티 어드바이저 교육용 게임 앱, '마이뷰티클럽'

화장품 기업 로레알도 맞춤화가 중요한 화장품 시장에서 직원 대상으로 마이크로 학습에 성공한 사례를 보여준다. 로레알은 지역별로 비대화된 조직에 세밀하게 맞춤화된 교육을 실시하기 위해 게임화를 도입했다.

로레알 아시아본부는 조직이 18개국, 6개 언어 조직으로 비대화되자 직원교육 방식을 게임으로 전환했다. 본부는 교육 대상을 세부 모듈로 나누어 실시하기로 하고 이 교육에 모바일앱을 활용했다. 그리하여 뷰티 어드바이저 교육용으로 '마이뷰티클럽(My Beauty Club)'이라는 게임 앱을 만들어 배포했다.

이 게임 앱에는 지식의 공유와 소통을 위한 플랫폼이 구축되었다. 이곳은 다양한 화장품 지식, 뉴스룸, 커뮤니티, 온·오프라인 교육 내용이 소통되는 일종의 '콘텐츠 도서관'이었다. 플랫폼에 소규모 지식 모듈별로 학습과정을 게임화한 뒤 직원들이 하루 한 번 아무 때나 로그인하여 지식을 획득하는 미션을 완수하면 포인트와 배지가 부여되는 방식이다.

매우 간단한 게임이었지만 회사는 게임화 교육을 실행한 지 불과 10개월 만에 소정의 교육목표를 달성할 수 있었다. '교육'이라는 것이 대부분 그 효과를 얻기까지 긴 시간을 요하는 과업임을 생각할 때 이는 매우 놀라운 결과였다.

게임화를 통해 이뤄내는 '자발적' 학습조직

조직 내에 축적되고 활용되는 지식과 정보는 기업 경쟁력과 직결되는 것이라 해도 과언이 아니다. 무형자산(intangible asset)의 중요성이 날로 커지고 있기 때문이다. 건물, 기계시설, 중간재 등의 유형자산은 시장에서 쉽게 구매할 수 있지만 지식, 정보, 노하우 등의 무형자산은 쉽게 확보되지 않는 미묘한 성격을 지닌다. 무형자산은 시장이 명확한 형태로 형성되어 있지 않고 그 가격 측정 또한 쉽지 않다.

한때 학습조직(learning organization)이나 KMS(Knowledge Management System, 지식관리시스템) 등이 유행처럼 확산되었던 것도 경영진이 그만큼 지식과 정보의 중요성을 의식했다는 뜻이다. 그렇지만 조직을 학습조직으로 변모시키는 일은 결코 쉽지 않은데 그래서인지 많은 기업이 처음에 가졌던 의욕에 비해 큰 성과를 거두지 못한 경우도 적지 않았다.

요즘은 조직을 학습조직으로 유도하는 것이 강요나 인센티브만으로는 결코 실현되지 않는다는 사실이 더 명백해진 듯 보인다. 이러한 현실적 딜레마 앞에 새로운 해법으로서 '게임화'가 또한 주목받고 있다.

게임화를 적절히 활용하면 지식의 학습을 강요가 아니라 자발적 참여의 과정으로 바꿀 수 있다.

게임화는 지식과 정보 전달 측면의 교육만이 아니라 조직 내 지식, 정보의 유지와 공유에도 효과적이다. 즉 게임을 활용하면 직원 상호 간 소통이 원활히 이루어질 뿐 아니라 부문 간 또는 개인 간 소셜러닝(social-learning)도 활성화된다. 앞서 보았듯 업무이기 때문에 의무적으로 수행해야 하는 일과, 비록 작더라도 리워드가 걸린 게임으로 여기고 수행하는 일 사이에는 생각보다 큰 차이가 존재한다.

인간은 본래 학습을 싫어하는 존재일 수 있지만, 또 한편 인간이란 싫어하는 학습을 통해 어렵사리 획득한 지식이나 정보를 과시하고 싶은 욕망 또한 지닌 존재이다. 게임화는 긍정적 피드백을 통해 이러한 욕망을 공개적으로 과시할 수 있도록 마당을 깔아주는 역할을 하게 된다. 이러한 종류의 게임화는 개인의 원초적 욕망 해소와 조직의 역량 강화라는 두 가지 목표를 동시에 달성시키는 윈윈(win-win)의 수단이 된다.

더욱이 게임화를 통한 지식·정보의 축적과 공유는 비용이 많이 들지도, 과정이 그리 복잡하지도 않은 경우가 대부분이다. 가령 소통 과정에 포인트를 지급하는 아주 간단한 게임 장치만으로도 동료가 지닌 지식·정보에 대한 재평가가 이루어지고, 조직 내 사회적 행동을 활성화하며, 팀워크를 강화하는 효과를 가져와 조직 내에 학습지향형 문화를 형성할 수 있다.

퀄컴의 Q&A 사이트 운영 게임화를 통한 지식 공유

무형자산을 가장 중요한 존립 기반으로 삼고 있는 대표적 기업, 퀄컴(Qualcomm)은 사내 Q&A 사이트를 게임의 장으로 활용함으로써 직장 동료 간 지식 공유 및 사내 지식 흐름을 원활화했다. 이전에도 퀄컴은 내부 임직원용 Q&A 사이트를 운영하여 지식 공유를 촉진한 바 있다. 그러나 사이트가 회사의 기대만큼 활성화되지 않았고, 이에 회사는 Q&A 사이트 운영에 게임 형식을 도입했다.

Q&A 사이트에 제기된 질문에 좋은 답변을 제시하면 리워드를 제공하고 때로는 최고의 답변을 선정하는 투표를 실시하여, 순위가 높으면 눈에 잘 띄는 사이트 상단에 배치했다. 직원들은 활동 정도에 따라 점수와 등급을 받게 되며, Q&A 사이트 내에서 보다 탁월한 활동을 수행했을 경우에는 별도의 배지를 받았다. 가령 30일 동안 누구도 답변하지 못한 문제에 답변을 제시하면 'archeologist(고고학자)'라는 배지를 수여받는 식이었다. 회사는 배지를 직원의 성과 커리어로 인정해주고 사내에서 통용되는 프로필에도 기재할 수 있도록 했다.

게임화 전환 이후 Q&A 사이트에 관심을 갖는 직원이 크게 늘었다. 본래 퀄컴은 전문지식을 중요시하는 기업으로, Q&A 사이트 활성화가 이러한 조직 분위기를 유지, 강화하는 데 크게 기여했다는 평가를 받았다. 퀄컴은 지식인일수록 인정 욕구가 크다는 점을 간파하고 이를 게임화하는 방식으로 공식화하여 개개인의 지식이 조직 내에 널리 확산될 수 있도록 했다. 이와 같은 게임화는 큰 비용을 들이지 않고도 조직과 개인이 모두 만족하는 성과를 가져올 수 있었다.

헨드릭오토모티브의 딜러 교육 게임화

미국의 대형 자동차 딜러사 헨드릭오토모티브그룹(Hendrick Automotive Group)도 지식 습득 및 공유 방식을 온라인상에서 이루어지는 게임 형태로 변형하여 큰 성공을 거두었다. 이 회사는 게임화를 통해 교육이라는 본연의 목적은 물론 동료 간 관계가 돈독해지는 부수적 효과까지 얻었다.

헨드릭오토모티브그룹은 딜러 교육을 위해 게임 기반의 교육 시스템[the Academy LMS]을 도입했다. 새로운 지식을 습득하고 이를 동료에게 전수할 경우 레벨을 상승시키거나 배지를 부여하는 비교적 단순한 게임이었다. 이렇게 게임화하기 전만 해도 이 회사의 직원들은 학습을 위해 의무적으로 학습 사이트를 방문했으나 게임화가 이뤄진 후로는 직원들이 자발적으로 사이트를 활용했다. 그 결과 이전보다 학습 사이트 방문 건수가 8배나 증가한 것으로 나타났다.

4장

마케팅:
게임은 고객을 춤추게 한다

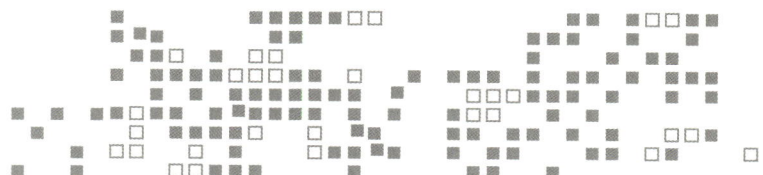

게임화로 서비스 품질을 제고하다

마케팅과 고객관리는 최근 게임화가 가장 빈번히 이루어지는 분야이다. 점차 많은 기업이 고객에게 다가가는 유력한 수단으로 게임을 선택하고 있다. 기업은 게임화를 활용하여 고객응대 과정에서 발생할 수 있는 여러 가지 어려움을 해결할 뿐 아니라 응대 과정의 서비스 품질을 제고할 수 있다.

이 분야에서 게임화는 마케팅을 실행하는 직원을 대상으로 이루어질 수도 있고, 고객의 참여를 유도하는 방식이 될 수도 있다. 어느 쪽이든 그 효과가 긍정적인 방향으로 나타나고 있어 마케팅의 게임화를 시도하는 기업의 수는 지속적으로 늘어날 것으로 전망된다.

옴니케어의 고객응대 서비스 게임화

미국의 의료장비 판매 및 서비스 기업인 옴니케어(Omnicare)의 게임화 사례는 매우 흥미롭다. 이 회사는 게임화 도입 초기 고객응대 활동을 섣부르게 게임 방식으로 설계했다가 낭패를 본 경험이 있으나 차츰 적절한 형태로 수정해나가면서 결국 성공을 거둔 경우이다.

옴니케어 사는 헬프데스크에서 발생하는 고객의 긴 대기시간 문제를 해결하기 위해 기술 서비스 담당자들을 대상으로 처리 속도에 따라 포인트를 적립해주는 제도를 도입했다. 게임화 도입 이후 고객의 대기시간은 짧아졌다. 하지만 그에 비례하여 직원 이직률이 높아졌고 그로 인해 서비스가 부실화되고 고객만족도가 다시금 낮아지는 역효과가 초래되었다.

그 까닭을 조사해본 결과, 의료장비의 수리 및 유지와 관련한 기술 서비스는 상당한 전문성과 창의성을 요구하는 과업인데, 단순히 처리 속도만으로 성과를 측정하는 방식에 다수 직원들이 불만을 가졌던 것이다. 고객 입장에서도 직원들이 문제를 깔끔하게 해결하기보다는 시간에 쫓겨 서둘러 마무리하는 모습이 못마땅해 보였다. 서비스를 제대로 해주겠다는 생각보다 '일단 빨리 끝내고 보자' 하는 태도로 여겨진 것이다.

고객과 직원 양측 모두에서 불만이 누적되자 회사는 제도를 도입하는 과정에서 실수가 있었음을 깨닫고 게임화의 방식을 전면 수정했다. 수정된 게임화 전략에서는 업무 전문성을 반영하여 과제의 성격에 따라 평가 기준을 달리하였으며, 고객 피드백을 평가 기준에 포함시켰다. 게임의 성격이 업무 특성에 맞게 변경되고, 게임 자체가 좀 더 복잡해진 점을 감안해 이전에 비해 리워드 수준도 높였다. 이러한 변화를 시도하자 마침내 직원 이직률이 낮아지며 고객만족도가 상승하여 애초 제도 도입의 목표였던 고객 대기 시간 50% 감소라는 성과를 달성할 수 있었다.

옴니케어의 사례는 직군과 업무의 특성에 따라, 적용되는 게임의 성격도 달라져야 함을 시사한다. 앞서 유통 업체 타깃의 사례에서 보았듯 쇼핑센터 정산원의 작업은 비교적 단순하므로 간단한 게임으로 전환해도 별 문제를 야기하지 않을 수 있다. 하지만 옴니케어의 경우처럼 전문적이고 복잡한 업무를 무조건 단순한 게임으로 전환하는 것은 적절치 않다. 게임화 연구자들은 업무가 전문적일수록, 실행 시간이 길어질수록 매번의 게임 결과에 대해 그에 걸맞은 인정과 리워드가 주어져야 함을 강조한다.

마케팅 현장의 시뮬레이션 게임들: SAP의 '로드워리어', 디즈니 애니멀 킹덤, 맥도날드의 '크루 챌린지'

마케팅의 게임화는 직원들이 고객응대 노하우를 사전에 학습하고 공유하는 데도 유용하게 활용될 수 있다. 독일 ERP 업체 SAP는 고객 상담 교육을 시뮬레이션 게임으로 전환하여 영업사원들에게 실전에 가까운 마케팅 경험을 제공했다.

SAP는 고객과의 상담 상황을 시뮬레이션하는 영업사원 교육용 게임 프로그램 '로드워리어(Roadwarrior)'를 도입했다. 영업사원인 플레이어는 로드워리어 게임에서 제시하는 상황에 적절히 응대해야 하고, 응대를 잘할수록 레벨업이 이루어지며 배지, 포인트가 수여된다. 게임에서 플레이어는 레벨업이 될수록 좀 더 까다로운 고객을 응대하게 되고 이에 따라 보상 수준도 높아진다. 게임을 해나갈수록 플레이어의 스킬이 증진하는 것이다.

로드워리어 게임을 통해 SAP의 직원들은 기존에 사용되던 전자책이나 동영상 교본에 비해 훨씬 실전에 가까운 경험을 할 수 있었으며 다양한 인터랙션 과정에서 성취동기를 느꼈다고 응답했다. 회사는 더 많은 고객 데이터베이스(DB)가 축적될수록 게임을 훨씬 더 현실에 가깝게 구축할 수 있다는 점에 착안해 향후에는 한결 정교해진 시뮬레이션을 교육에 활용할 계획이다.

비즈니스 현장을 시뮬레이션하여 직원들을 교육한다는 점에서 디즈니의 테마파크 '디즈니 애니멀 킹덤(Disney's Animal Kingdom)'에서 실행하는 시뮬레이션 게임도 유사한 사례로 꼽을 수 있다. 디즈니는 테마파크를 운영하는 현장 직원들이 실제 업무 상황에서 마주칠 수 있는 문제들을 시뮬레이션하여 그 해결 방법을 게임을 통해 학습하도록 하고 있다.

친절하고 신속한 고객응대를 중시하는 맥도날드도 마케팅 현장의 문제점을 해결하고 직원 효능감을 높이기 위해 게임화 방식을 도입했다. 맥도날드는 현장 직원이 대부분 비정규직이고 이직률이 높아 직원교육이 매우 시급한 과제로 여겨지고 있었다. 이에 따라 회사는 '크루 챌린지(Crew Challenge)'라는 게임을 설계했고, 이를 활용하여 실제 매장에서 일하는 것과 유사한 경험을 제공했다. 이 게임에서 직원들은 매장 근무와 유사한 상황에서 고객서비스를 제공하고, 주문을 처리하고, 음식을 조리하는 등의 업무를 수행한다. 맥도날드 사는 지원자들의 문제해결 능력, 업무 처리 능력, 협업 능력 등을 평가하고 보상을 제공한다.

이처럼 고객과의 접점 상황을 시뮬레이션하고 게임화하는 것은 다양한 형태로 이루어지는 마케팅 현장에 가장 실전적으로 대응하는 방법이다.

딜로이트의 정보 공유 게임 플랫폼, '후왓웨어'

그런가 하면 글로벌 컨설팅사 딜로이트는 임직원들 간의 고객정보 공유를 촉진하기 위해 게임화를 도입한 사례이다. 컨설팅 회사에서는 정보 축적 및 공유가 사업의 핵심이라 할 만큼 중요한 사항이다. 딜로이트는 이러한 사업과제를 게임화로 해결했다.

2013년 딜로이트는 전 세계 임직원 수가 18만 2,000명에 이르는 등 조직 내 컨설턴트 및 고객 규모가 비대해지자 이에 대응하기 위해 고객 관련 지식과 노하우 공유 게임을 도입했다. 회사는 사내 소셜메시징 플랫폼에 '후왓웨어(Who What Where)'라는 이름의 공간을 구축하고 지식·정보·노하우 공유 성과에 따라 차별화된 리워드 제도를 도입했다.

딜로이트는 직원들이 고객에게 실시한 컨설팅 내용을 인트라넷에 올린 횟수와 그 내용을 보기 위해 클릭하는 횟수를 측정해 리더 보드에 기록했다. 그리고 순위에 따라 일종의 포인트인 소셜 화폐를 적립해주었다. 컨설턴트들은 리더 보드 순위와 소셜 화폐를 통해 조직 내 전문가로 인정받고 있다는 자부심을 갖게 되었으며 점점 더 많은 정보를 기꺼이 인트라넷에 올리게 되었다.

게임화로 고객의 마음을 읽는다

마케팅의 게임화는 직원뿐 아니라 고객에 대해서도 실행할 수 있다. 고객 참여형 게임을 활용하면 고객의 취향이나 선호에 대한 이해도를 높일 수 있으므로 유용하다.

기업은 고객 참여형 역할수행게임을 통해 고객에게 맞춤화된 제품과 서비스를 제공할 수 있다. 역할수행게임은 인간의 무의식, 즉 본심을 드러내는 데 아주 유용한 수단이다. 이는 곧 게임 과정에서 기업이 고객의 마음 심층에 놓인 선호를 파악할 수 있다는 의미가 된다. 고객 개개인의 독특한 경험치 축적을 통해 락인(lock-in) 효과도 거둘 수 있다.

던킨도너츠의 고객 선호도 파악 게임, '온유어마크'

던킨도너츠는 고객에게 온라인게임 '온유어마크(On Your Mark)'를 즐기도록 하고 그 과정에서 고객의 다양한 선호를 파악할 수 있었다. 이 게임에서 고객은 가상 점포의 드라이브스루(drive-through) 구매에 참여하여 자신이 가장 좋아하는 음료나 도넛이 무엇인지 입력하게 되는데, 이는 회사 입장에서 매우 중요한 정보이다. 한편 게임을 수행한 고객은 리워드로 던킨도너츠의 기프트카드를 획득할 수 있었다.

리복의 달리기 게임, '당신은 충분히 빠릅니까?'

운동화 제조 및 판매 기업인 리복(Reebok)도 고객이 플레이어로 참여하는 인상적인 게임화 마케팅을 전개하였다. 이 회사는 공공장소에서 누구나 참여할 수 있는 '달리기 챌린지'를 실시하여 사람들의 눈길을 끌고 화제가 되도록 함으로써 자사 브랜드를 노출하는 성과를 거두었다.

리복은 도심 한가운데에 속력 측정계(speed cam)를 설치했다. 그 아래에 놓인 광고판에는 "당신은 (리복 운동화를 가질 만큼) 충분히 빠릅니까(Are you fast enough)?"라는 문구가 적혀 있었고 옆에는 리워드로 주어질 리복 운동화가 비치되었다. 지나가던 사람들이 하나둘 관심을 갖고 달리기에 도전했고 그중 시속 17킬로미터 이상으로 달린 사람들은 리복 운동화를 선물받았다.

리복은 '달리기'에 대한 관심을 환기하는 이러한 게임을 통해 운동화 판매를 촉진할 수 있었다. 동시에 '운동 부족'이라는 현대인들의 공통된 문제의식에 어필하여 사람들로 하여금 게임에 참여하고 싶게 만들었고, 도전하여 성공한 사람에게 보상을 제공함으로써 기업 홍보 효과를 극대화하였다.

드레스트의 패션 스타일링 게임

'드레스트(Drest)'는 2019년 출시된 패션 스타일링 게임 앱이다. 이 회사는 사람들이 패션 및 화장법에 점점 더 많은 시간을 투자한다는 점을 확인하고 그 과정을 일종의 역할수행게임으로 만들었다. 드레스트의 공동 창립자인 벤 치앙(Ben Chiang)은 "패션 체험 앱을 사용하기 시작한 사람들은 다른 앱 사용자 대비 50% 정도 더 많은 시간을 앱 사

용에 소비하고 있다."라고 말했다.[16]

드레스트가 고객에게 제공한 역할수행게임은 '패션 갖추기 게임'으로, 인형에 예쁜 옷 입히기 놀이와 유사한 방식으로 진행된다. 게임 참가자가 의상과 액세서리를 골라 자신의 아바타에게 입히면 이것을 본 다른 플레이어가 평가하여 점수를 매긴다.

참가자는 이 게임에서 자신과 가장 비슷한 연령, 키, 피부색, 몸매를 지닌 아바타를 고를 수 있다. 이때 가상의 아바타뿐 아니라 이리나 샤크(Irina Shayk), 이만 하맘(Imaan Hammam), 나탈리아 보댜노바(Natalia Vodianova) 등 현실세계의 톱모델 10여 명을 자신의 아바타로 활용할 수 있도록 했다. 그뿐 아니라, 이 패션 체험 게임에서 기준점 이상의 점수를 획득한 고객은 버버리, 발렌티노, 구찌 등 160여 개 브랜드의 제품을 구매할 기회도 얻게 된다.

이러한 게임화를 기반으로 드레스트는 2019년 창립 이래 연평균 250% 성장세를 실현하고 있으며 3,000만 달러 이상의 투자를 받기도 했다.[17]

역할수행게임은 몰입을 중시하므로 게임세계와 현실세계가 끊김 없이(seamlessly) 연결되는 것이 중요하다. 이렇게 될 때 게임 참가자는 게임 속에서 자신이 수행한 역할이 현실에서도 의미를 갖는다는 느낌을 받게 된다. 3D 콘텐츠 제작 및 운영 플랫폼 제공 업체 유니티코리

---

[16] "'디지털 패션·게임' 속도 내는 패션업계" (2020. 4. 20), 〈TIN 뉴스〉.
[17] "Game on for Version 2.0 as Drest (Cat)Walks off with £15 million to Bring Fashion Gaming Product to the Metaverse (2023. 6. 22), 〈tech.eu〉.

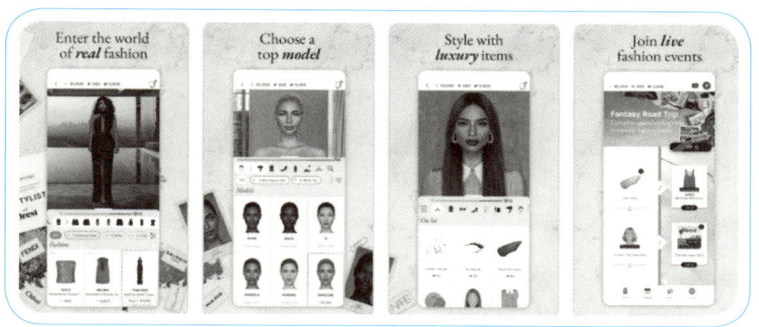

다양한 아바타를 선택하여 직접 스타일링해볼 수 있는 패션 스타일링 게임 앱 '드레스트'
자료: 드레스트

아가 좋은 예이다.

이 회사는 2020년 12월 메타버스 공간인 제페토에서 전시회를 열었다. 가상의 아바타가 전시관을 열람하는 동안 일정 수 이상 스탬프를 받으면 보상으로서 상품을 지급하는 방식이었는데, 유니티코리아는 온라인에서 지급된 모자, 마스크, 의류, 가방 등을 오프라인에서 실제로 배달해주었다.

| 듀오링고의 퀘스트 깨기형 어학 학습 게임 |

글로벌 온라인 어학 학습 업체 듀오링고(Duolingo)는 고객 눈높이에 맞춘 게임형 학습법으로 성공한 사례다. 이 회사는 기존의 어학 학습에 대한 통념을 깨고 학습자 개인 수준에 맞는 어학 학습 프로그램을 제공하되 이를 게임하듯 진행하는 파격적 방식으로 단기간에 급성장

퀘스트 깨기형 어학 학습 앱 듀오링고의 학습 화면
자료: 듀오링고

을 했다. 듀오링고 사례는 이후 수많은 어학 학습 앱의 모델로 자리 잡았다.

시장에 막 뛰어들었을 때 듀오링고는 기존의 어학 학습 방식인 강의 시청이나 원어민과의 일대일 대화 방식이 아닌 퀴즈 형식의 프로그램을 채택했다. 학습자는 동물, 식물, 음식 등 주제별로 제시되는 문제를 푸는 과정에서 점차 어휘력을 늘려나간다. 초급부터 고급에 이르는 각 단계의 문제들을 게임 퀘스트 깨듯 해결하며 어학 실력을 높여나가는 방식이다.

게임 내에는 다양한 리그가 존재하는데 그 배치가 영국의 축구리그인 EPL(English Premier League)과 비슷하다. 즉 모든 리그에 승급과 강등 제도가 있어 학습자가 자신의 수준에 맞는 리그에서 활동하게 된다. 이 과정에서 듀오링고 게임은 학습자의 실수나 오답을 파악해 개인별로 맞춤형 학습자료를 제공한다.

이러한 퀴즈 방식 어학 학습에 대해 소비자들은 폭발적으로 반응했다. 2011년 창업한 듀오링고 사는 유례없는 성장세를 기록하며 창업 10년 만에 전 세계 누적 다운로드 수 5억 회로 세계 1위 어학 교육 업체로 올라섰고, 2021년에는 나스닥에 상장할 수 있었다.

게임화로 고객의 브랜드 충성도를 높인다

게임은 고객에게 자발적 참여의 기회를 줌으로써 제품과 기업에 대한 경험을 완성하는 데도 기여한다. 고객은 게임을 즐기는 과정에서 기업과 제품을 무의식적으로 자신의 내면세계와 연결 짓게 된다.

글로벌 조사기관 DMWF(Digital Marketing World Forum)가 2019년 5월에 실시한 조사에 따르면 소비자의 60%는 브랜드와 관련된 게임에 참여해 즐겁게 플레이했을 경우 해당 브랜드의 제품을 구매하고 싶어진다고 응답했다. 이는 백화점이나 매장에서 어둡고 우울한 음악이나 조명보다 밝고 활기찬 음악과 조명을 활용하여 구매심리를 북돋우는 것과 동일한 원리이다. 게임 역시, 고객이 제품과 서비스를 좋은 분위기에서 접하는 경험에서 한걸음 더 나아가 고객에게 실질적으로 즐거운 추억을 제공하는 수단으로 활용이 가능하다.

최근에는 목표, 보상, 지위와 같은 게임요소가 기존 기업들이 '전가의 보도'처럼 활용해온 인구통계학적 요인(성별, 나이, 학력, 수입, 거주지, 취미/여가 등)보다 더 높은 설명력을 지닌다는 사실이 밝혀지기도 했다.[18] 고객의 심리와 무의식에 파고드는 게임요소가 고객의 브랜드 태도 및 브랜드 충성도에 더 의미 있는 영향력을 발휘한다는 사실을 보여주는 사례가 다양하게 존재한다.

프리지의 웃음 참기 게임

밀크셰이크를 제조·판매하는 영국의 식음료 기업 프리지(FRijj)는 고객에 대한 구체적 분석 없이도 간단한 게임만으로 고객에게 즐거움을 선사하고 유효한 고객관계를 구축했다. 이 회사가 실행한 게임화는 매우 단순한 것이었으나 고객의 구매 과정에 이야깃거리를 남기면서 다른 제품과의 차별화 측면에서 큰 성과를 냈다.

프리지는 웹캠을 이용한 제품 프로모션 게임으로 브랜드 호감도를 높였다. 프리지는 자사의 홈페이지를 방문한 고객에게 웃음을 유발하는 영상을 보여주고 웃음을 참는 횟수만큼 점수가 올라가는 게임을 기획해 실행했다. 게임에 참여한 고객들은 웃는 경험을 통해 얻은 즐거운 기억을 프리지의 브랜드와 연결시켰고, 자연스럽게 프리지가 만든 제품들에 대해 긍정적 이미지와 우호적 태도를 갖게 되었다.

---

18 최광림·남윤재 (2018). "게이미피케이션 요소가 적용된 외식업 로열티 프로그램 어플리케이션이 브랜드 태도 및 브랜드 충성도에 미치는 영향-스타벅스의 '마이스타벅스리워드'를 중심으로-". 《관광학연구》, 제42권 제9호(통권 165호), 한국관광학회. pp. 103~121.

레고의 '디지털 디자이너' 게임

레고(Lego)는 고객들이 온라인상에서 마음껏 레고 게임을 즐기도록 함으로써 고객이 기업과 제품에 한걸음 더 가까이 다가가는 경험을 제공했다. 게임을 통해 고객은 레고의 제품을 보다 창조적으로 소비하는 방안을 상호 공유할 수 있었다.

레고는 소비자가 가상공간에서 레고 블록을 사용하여 자신만의 디자인을 만들고 이를 공유할 수 있는 온라인 콘텐츠 플랫폼 '디지털 디자이너(Digital Designer)' 게임을 제공했다. 이용자는 다양한 블록과 아이템을 활용해 〈스타워즈〉, 〈닌자거북이〉, 〈배트맨〉 등에 출연하는 피규어를 자유롭게 만들어볼 수 있었다.

이 게임을 통해 레고는 자사의 제품인 레고 블록이 오프라인만이 아니라 온라인에서도 활용되도록 하는 계기를 마련할 수 있었다. 즉, 자사 제품의 활용 공간을 확대할 수 있었던 것이다. 레고는 제품 활용을 더 촉진하기 위해 이용자들의 작품 중 일부를 선정하여 자사 갤러리에 전시하고 작품 파일을 다른 이용자가 내려받을 수 있도록 하고 있다.

루이비통과 게임 이벤트의 콜라보

최근 기업들은 메타버스에 자사의 브랜드를 노출함으로써 고객과 더 가깝고 친근한 관계를 형성하는 한편, 고객이 보다 차별화된 멋진 경험을 즐기도록 유도하고 있다. 메타버스에서 브랜드를 만나는 일이 색다른 브랜드 체험이 될 수 있다는 점을 노린 것이다. 그중 하나의 방식으로 기업들은 특히 MZ세대에게서 각광받는 여러 게임과 콜라보를

루이비통 스킨을 장착한 '리그 오브 레전드'의 캐릭터 키아나
자료: 라이엇게임즈

진행하여 브랜드 가시성을 제고하기도 한다.

그 대표적 사례가 루이비통인데 이 회사는 자사의 명품 브랜드 이미지가 자칫 훼손될 수도 있는 위험을 무릅쓰고 젊은 층이 즐기는 게임 속에 브랜드 로고를 노출함으로써 큰 성과를 거두었다.

2019년 루이비통은 라이엇게임즈 사(Riot Games Inc.)와의 협업으로 파리에서 개최된 '롤드컵' 결승전에서 전사 아바타의 의상과 트로피 보관함 등에 자사의 로고를 노출시켰다. 또한 '리그 오브 레전드' 챔피언으로 구성된 가상의 걸그룹 'K/DA'의 의상과 결승전 개막식에서 공연한 가수들의 의상을 후원했다.

이 결승전 경기는 분당 평균 시청자 수가 2,180만 명을 기록할 정도로 엄청난 화제를 불러일으켰고 루이비통이 출시한 한정판 제품 47종은 출시 1시간도 안 되어 모두 매진되었다. 아마 루이비통이 오프라인 경기에서 회사 로고를 게시했다면 관련 비용이 훨씬 많이 들었을 뿐 아니라 기껏해야 10만 명 이내의 관중에게 노출하는 데 만족해야 했을 것이다. 이렇듯 루이비통이 기대 이상의 성과를 거두자 버버리 등 다른 패션 업체들도 앞다투어 유사한 전략에 뛰어들고 있다.

메타버스를 활용한 홍보는 점점 더 다양한 형태로 구현되고 있다. 온라인이든 오프라인이든 트래픽이 존재하는 곳이라면 거기가 어디든 기업의 활동무대가 될 수 있는 것이다. 물론 게임은 트래픽을 발생시키는 가장 유력한 수단이다. 가령 2020년 미국 대통령선거 당시 팬데믹 상황에서, 바이든 캠프는 닌텐도의 '모여라 동물의 숲'에서 가상 유세를 실시했다. 이때 바이든 캠프 측은 "동물의 숲은 선거 캠페인을 위한 새로운 기회"라고 언급했다. 같은 해 이탈리아의 명품 브랜드 발렌티노도 동일한 공간에서 신상품 패션쇼를 선보였다. 전 세계가 사회적 거리두기를 하는 와중에 발렌티노는 성공리에 패션쇼를 진행했는데, 참여자는 패션쇼 내의 캐릭터에게 원하는 의상을 만들어 입힐 수도 있었다. 이런 방식으로 발렌티노는 2020년 봄과 여름 신상품 패션쇼를 온라인상에서 재현했다.

5장

ESG: 지속하는 기업은 게임하는 기업

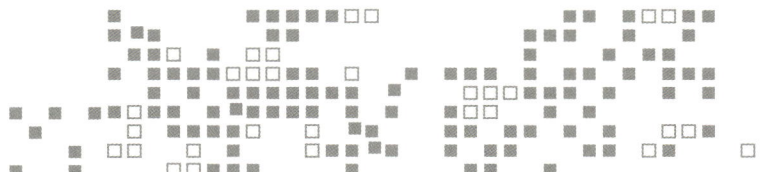

사회공헌도 게임하듯 재미있게

최근 기업가에서 핫이슈로 부상한 ESG 분야에도 게임 원리를 도입할 수 있다. 지금까지 ESG 전략은 성과측정을 하기가 애매하다는 평가가 있었지만 게임화를 한다면 이 분야에서도 성과에 대한 검증과 예측이 어느 정도 가능할 수 있다. 게임화를 잘 활용한다면 ESG 본래의 취지에 따라 공공의 이익을 도모하고, 조직에 대한 직원의 긍정적 사고도 촉진할 수 있다는 것이다. 다음에서 소개할 NHN의 사례는 가장 간단한 방식으로 ESG 게임을 설계해 성과를 낸 경우다.

NHN의 사회공헌 게임, '리틀 액션'

NHN은 2019년 '헌혈 버스 타기', '헌옷 기부하기' 등 사회공헌 활동에 게임을 활용하여 기대 이상의 성과를 거두었다. 사회공헌 활동은 어떠한 보상도 전제하지 않는 것이 원칙이지만 회사는 참여자들의 활동에 소박하나마 리워드를 주는 의미에서 다양한 디자인으로 제작한 '액션 배지(action badge)'를 준비했다. 그저 상징적 리워드였을 뿐이지만 이를 계기로 2019년의 행사는 이전 해에 비해 훨씬 더 성황리에 진행되었다. 행사를 담당했던 NHN의 ESG 책임자는 비록 작은 보상이 었지만 그것이 재미와 호응을 불러일으켰고, 예상보다 훨씬 많은 임직원들이 신청하여 헌혈버스를 2대로 늘리는 등 나눔 활동에 대한 의지와 열기가 뜨거웠다고 밝혔다.[19]

ESG와 결합한 게임화 사례는 해외에서도 찾아볼 수 있는데, 뉴욕 소재 친환경 홍보 업체 리사이클뱅크(Recyclebank)는 일상에서 친환경 활동에 참여하는 사람들에게 게임 방식의 포인트를 부여함으로써 재활용 및 친환경 습관을 전파했다. 참여자는 이 포인트로 지역 내 점포에서 물건을 구매할 때 할인을 받을 수 있었다.

그런가 하면 나이키는 성공적 게임화 사례로 이미 빈번하게 언급되는 '게임 온 월드' 캠페인을 도입한 바 있다. 운동 능력을 측정해 기록하고 공유하는 기술인 '나이키 플러스(Nike+)' 시스템을 활용한 이 캠페인을 통해 사람들은 운동을 온라인 게임처럼 즐길 수 있게 되었고, 나이키 또한 단순히 자사 제품을 홍보하는 데 그치지 않고 고객의 건강까지 관리해주는 기업이라는 긍정적 이미지를 각인할 수 있었다.

MS의 자사 게임 제품을 활용한 CSR 사례

자사의 제품과 서비스를 활용해 전략적 성장의 관점에서 사회공헌 활동을 전개하는 것을 '전략적 CSR(Corporate Social Responsibility)'[20]

---

19 "NHN 직원참여 사회공헌 나눔 캠페인 '리틀액션'" (2020. 03. 24). INSIDE NHN.
20 하버드대학의 교수 마이클 포터(Michael E. Porter)가 제안한 개념이다.

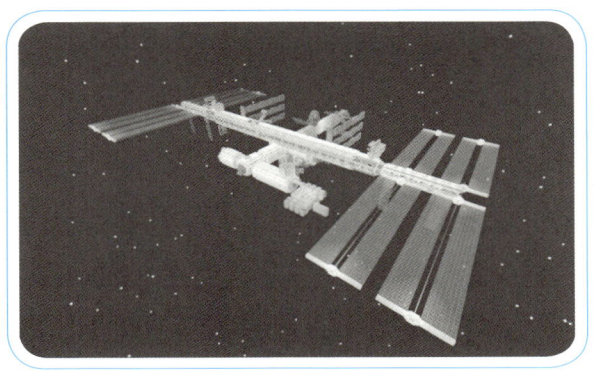
마인크래프트로 구축한 가상의 국제 우주정거장
자료: Minecraft-Education

이라 부르는데 MS의 실행 사례가 대표적이다. MS는 코로나19 팬데믹 상황에서 사회공헌활동에 자사의 게임 패키지를 활용하여 기업 이미지를 크게 제고할 수 있었다.

MS는 코로나19로 인한 사회적 거리두기로 학생들의 등교마저 어려워지는 사태가 벌어지자 자사의 게임 소프트웨어 '마인크래프트'를 교육용으로 전환해 무료 배포했다. 그 덕분에 팬데믹 기간 동안 학생들은 교육용 마인크래프트를 이용하여 집에서 해양생물학, 재생에너지, 그리스 역사 등을 학습할 수 있었다.

평소 마인크래프트를 즐겼던 많은 학생이 익숙한 손놀림으로 재택학습에 참여했고 교육의 성과도 상당한 것으로 파악되었다. 교육과 게임이 결합된 소프트웨어에 대한 학생들의 열광적 반응에 교사들 또한

SNS로 긍정적 견해를 주고받았다. 이렇게 좋은 반응이 사회적으로 확산되자 MS는 한걸음 더 나아가 미국 항공우주국(NASA)과의 협업을 통해 가상의 국제 우주정거장에 탑승하는 게임을 교육 내용에 포함시켰는데, 이 또한 교육기관과 학부모들로부터 열렬한 호응을 이끌어냈다.

게임화로 임직원 건강 지키기

직원의 건강 돌보기와 안전 살피기는 ESG 활동에서도 매우 중요한 과업이다. 경영에서 직원의 건강한 체력은 궁극적으로 기업의 제반 관리비용을 낮춰주며, 경영성과를 제고하는 데도 가장 기본적인 전제가 된다. 인력에 체화된 지식과 정보가 경영의 핵심 자원으로 부상한 현대경영에서 직원의 건강을 돌보는 일은 핵심 자원의 유지·관리와 동의어나 마찬가지이기 때문이다.[21]

요컨대 '건강경영'의 중요성은 해가 갈수록 커지고 있다. 특히 장기간의 팬데믹으로 인해 이른바 '코로나 블루'[22]가 확산되는 경험을 하면서 기업에서도 임직원의 긍정적 마인드 유지, 즉 '멘탈 관리'의 중요성이 부각되는 추세다. 실제로 미국 경영자의 86%는 직원 건강 증진을 돕는 데 직장 내 건강관리 프로그램 도입이 가장 효과적이라고 생각하

---

21 Worksite Wellness: An Investment in Human Capital (2014. 1. 29), *Corporate Wellness Magazine*.
22 코로나19 감염 공포, 사회적 교류와 소통의 저하로 인해 생겨나는 우울감과 불안을 의미한다.

는 것으로 나타났다.[23] 2023년 딜로이트의 조사[24]에 따르면 Z세대의 46%, 밀레니얼 세대의 39%가 직장에서 항상 또는 거의 대부분의 시간에 스트레스나 불안감을 느낀다고 답했다. 또한 이들의 절반 이상(Z세대 57%, 밀레니얼 세대 55%)은 소속회사가 정신 건강 문제를 심각하게 생각하고 있다고 응답했다.

건강경영을 위해서는 직원들의 자발적 참여와 건강 관련 데이터 제공 등 당사자의 협력이 필수적 요건이다. 왜냐하면 자칫 사생활 침해, 개인정보 보호 등의 문제가 제기될 수 있기 때문이다. 이런 탓에 그동안 기업들은 이슈의 중요성을 잘 알면서도 여기에 쉽게 접근하기는 어려웠다.

그런데 최근 들어서는 이 과제를 푸는 데 게임을 적극 활용하는 추세이다. 건강관리에 게임 방식을 도입함으로써 직원들의 자발적 참여를 독려하는 것이다.

국내의 게임 업체 넥슨은 코로나19 기간에 직원들이 심리 상태와 마음의 동요 정도를 스스로 측정해볼 수 있도록 '마음 토닥 체크리스트'를 제공하는 게임의 장을 마련했다. 게임에 참가해 체크리스트를 완성한 참가자는 심신 힐링에 관한 도서와 함께 셀프힐링 키트 등을 받았다. 이런 리워드가 게임의 한 요소로 작용함으로써 직원들의 참가율을 높일 수 있었다고 평가받는다.

---

23 "건강검진·금연캠페인·운동앱… ICT 손잡으니 '건강경영' 쉽네요" (2016. 12). *DBR* 214호.
24 "딜로이트 2023 글로벌 Gen Z & Millennial 서베이" (2023. 5). Deloitte Insights.

게임화로 건강경영을 이룬 또 다른 사례로는, 씨티은행이 운동을 통해 사회공헌과 직원 건강관리를 동시에 실현시키는 게임 프로그램 '씨티 피트니스 챌린지'를 도입한 것을 들 수 있겠다.

씨티은행의 '씨티 피트니스 챌린지'

씨티은행은 직원이 게임을 통해 운동과 기부를 한 번에 할 수 있는 '씨티 피트니스 챌린지'를 실시했다. 연중 일정 기간을 정하여(통상 6주) 직원이 운동 목표를 정하고 웹사이트나 모바일 앱에 운동량을 입력한 뒤 이 데이터로 경쟁하는 간단한 게임이다. 게임을 통해 축적한 리워드는 국경없는의사회, 프로젝트 호프(Hope),[25] 케어 인터내셔널(CARE International)[26]에 기부되도록 했다. 직원들의 건강과 사회공헌 활동을 이런 게임 방식과 연계하자 직원들이 자발적으로 운동에 참여하게 되었고, 좋은 프로그램을 마련해준 회사에 대한 직원들의 자부심도 더 커졌다.

키에스의 건강 퀴즈 게임

미국의 직원 웰니스 플랫폼 기업 키에스(Keas)는 직원들의 건강 향상을 돕는 퀴즈 게임을 개발하여 각광을 받았다. 사실 회사가 직원의 신체적 질환이나 건강 여부를 진단하고 케어하는 일은 생각보다 쉽지 않

---

[25] 전 지구적 기후이변과 각종 재난과 재앙에 대응하기 위해 미국에서 결성된 국제단체.
[26] 주로 여성과 아동을 대상으로 불평등과 빈곤 문제를 해결하기 위해 활동하는 국제단체.

다. 왜냐하면 개인정보 침해라는 문제의 소지가 있을 뿐 아니라 대다수 직원은 자신의 의료 정보를 회사에 알리고 싶어하지 않기 때문이다. 키에스는 이 같은 장벽을 극복하는 방안으로 게임화를 제시했다.

이 게임을 하는 동안 직원들은 건강 관련 퀴즈를 풀면서 그 과정에서 자연스레 자신의 건강 수준을 확인할 수 있고 건강상의 문제점에 대한 처방이나 어떤 운동이 좋은지도 추천받는다. 게임 참가자들은 자신의 신체 컨디션, 건강 데이터(혈압, 혈당량, 몸무게 등)를 입력하고 이후 앱의 가이드에 따라, 동참한 동료들과 함께 건강 데이터의 향상 추이 및 속도를 두고 경쟁을 벌이게 된다.

게임에 참여한 직원들은 금연 결심을 한다든지 달리기나 걷기 운동을 꾸준히 하는 등의 긍정적 결실을 맺게 되었다. 한편 회사에서도 성과가 양호한 직원에게 보상을 지급함은 물론, 게임 과정에서 수집된 컨디션 데이터를 바탕으로 AI 진단을 실시하고 개인별 처방전과 구체적인 운동 방향을 제시하는 등 직원들을 보다 적극적으로 지원하게 된다. 이 게임을 도입한 기업들은 기존의 건강 프로그램에 비해 직원들의 평균 참여율이 83%나 증대했다고 보고했다.

3부

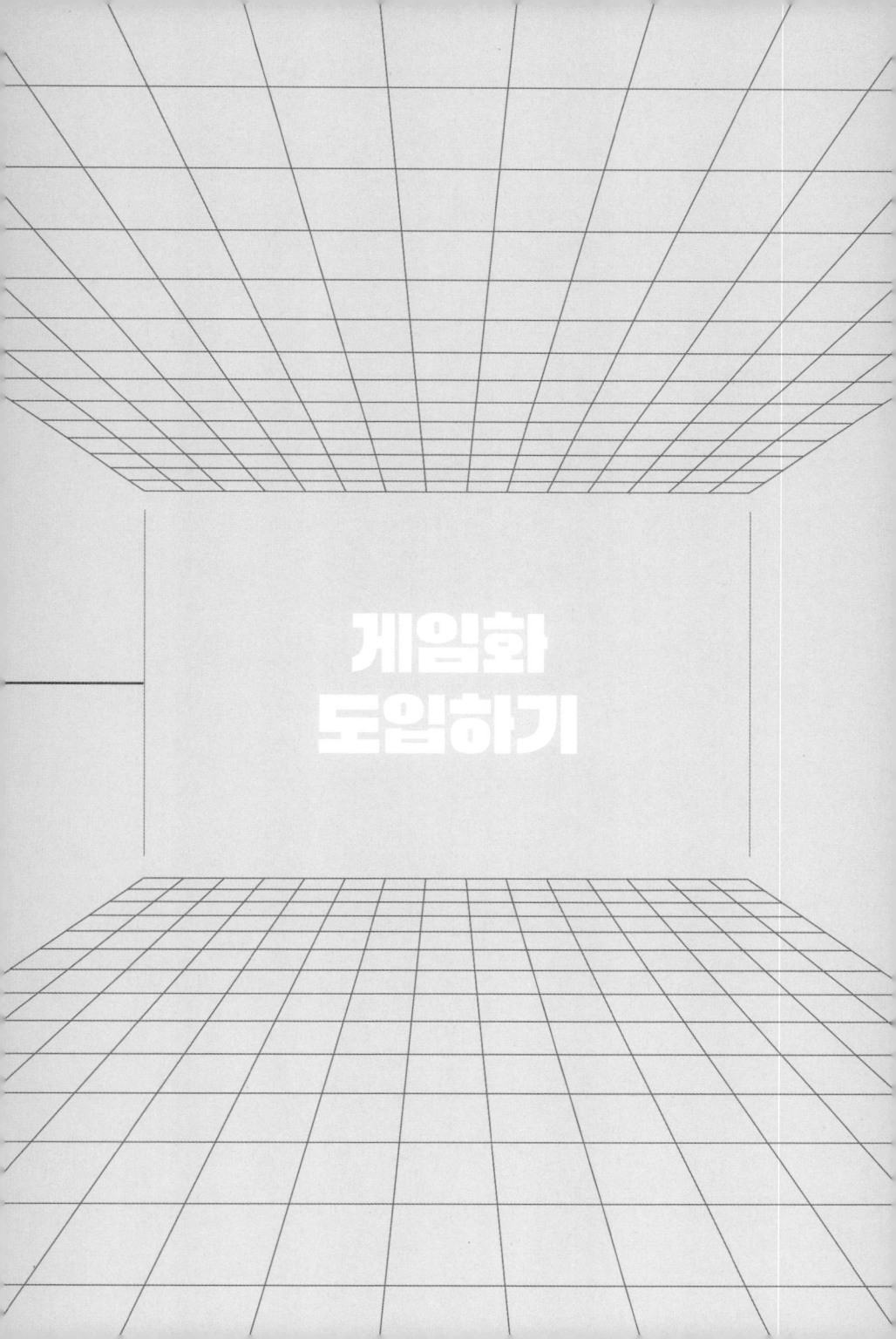

오늘날의 경영자라면 누구나 '우리 조직에도 게임화를 도입해야 하나?', '만일 도입한다면 어떤 방법으로 해야 할까?'를 한 번쯤 고민하지 않을 수 없다. 3부에서는 게임화 도입의 적절성을 판단하는 기준에 대해 논의하고 구체적인 도입 방법을 알아본다.

1장

어떻게 시작할 것인가:
타당성 진단과 도입 순서

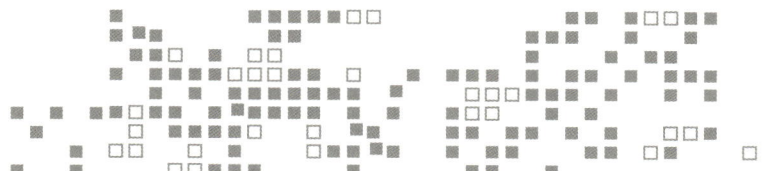

'플레이펌프' 게임은 왜 실패했을까?

아프리카의 한 발명가는 지역의 만성적인 물 부족 상태를 해결하기 위해 아이들이 놀이를 하는 동안 생겨나는 동력으로 물을 퍼 올릴 수 있는 펌프, 소위 '플레이펌프(PlayPump)'를 만들었다. 마을 아이들이 뺑뺑이와 유사한 놀이기구의 손잡이를 잡고 돌리거나 올라타서 즐겁게 노는 동안 펌프질이 이루어져 물이 퍼 올려지는 원리였다.

처음 플레이펌프는 성공적으로 보급되었다. 사업이 시작된 지 불과 5년 만에 1,000여 대에 가까운 펌프가 남아프리카 곳곳의 마을에 설치되었고 1,640만 달러에 달하는 후원금이 약정되기도 했다.[1]

그러나 채 10년이 되지 않아 이 사업은 좌초하고 말았다. 재고로 쌓인 제품은 싼값에 고물로 넘겨졌으며 기존에 설치된 펌프는 녹슨 채 버려지고 말았다. 이렇게 된 원인으로 펌프의 비싼 제작 단가, 부실한 유지 관리, 기존 펌프 대비 낮은 효용성 등이 거론되었다. 하지만 무엇보다도 현장에서 펌프를 돌려야 할 아이들이 그 놀이를 중단했다는 것

---

1 "Roundabout PlayPump". Wikipedia.

플레이펌프에서 노는 아이들
자료: <http://www.playpumps.co.za/>

이 결정적인 문제였다.

 플레이펌프 도입 초기에는 아이들도 처음 보는 놀이기구에 신나하는 모습을 보였으나 얼마 지나지 않아 플레이펌프에서 노는 아이들이 점점 눈에 띄지 않게 되었다. 그 이유는 아이들이 단순한 형태의 놀이 방식에 이내 식상한 탓도 있지만 무엇보다 노는 데 너무 많은 힘이 들었기 때문이다. 플레이펌프로 물을 끌어올리기까지는 꽤 긴 시간이 필요했고 당연히 육체 에너지도 상당히 소요되었다.

 그 바람에 즐거워야 할 '플레이'가 고된 노동이 되어버린 것이다. 게다가 놀고 싶을 때 노는 게 아니라 물이 필요한 상황이 되면 저마다 하던 일을 멈추고 플레이펌프에서 '놀아야만' 하는 상황이 반복되자 놀이가 더는 놀이가 아니게 되고 말았다. 즉 놀이를 통해 성과를 달성한다는 본래 취지는 놀이 주체가 자발성을 상실하자 아무런 의미도 없게 되어버렸다.

하나의 놀이, 게임이 공동체 속에 자리 잡으려면 놀이 주체의 자발적 참여를 비롯해 수많은 주변 변수가 세심하게 고려되어야 한다. 비즈니스에 게임을 도입하는 일도 마찬가지다. 게임이 조직 내에서 즐거운 현상으로 지속되려면 그 도입이 이뤄지기 전에 먼저 충분한 고민이 있어야 한다.

그렇다면 구체적으로, 게임을 조직에 성공적으로 정착시키려면 어떤 절차를 밟아야 하는지, 사전에 어떤 일들이 미리 이루어져 있어야 하는지, 조직이 게임화를 도입하기 위해 세부적으로 필요한 사항은 무엇인지 차근차근 알아보자.

'게임화 도입'에 대한 타당성 진단

조직 내에 게임화를 도입하는 일은 외부 컨설턴트로부터 컨설팅을 받는 과정과 유사하다. 그 첫걸음은 현재의 운영 상황(as-is)을 게임화 도입 후의 상황(to-be)과 비교해 그 필요성과 도입 타당성을 진단해보는 일이다. 물론 어떤 게임을, 어떤 방식으로 도입하느냐에 따라 상황은 달라질 터이므로 양자를 비교하여 진단하는 일은 쉽지 않은 과제이다. 그러므로 진단은 객관적 양식을 차용하여 진행하는 것이 바람직하다.

통상 게임화 도입의 타당성 진단은 크게 조직 운영 목표, 규칙, 피드백, 참여의 자발성 등 네 개의 범주로 구분해 진행한다. 이 네 범주와 그 하위 항목에서 게임화를 도입할 경우 현재 상황을 얼마나 개선할 여지가 있는지 진단해보는 것이다. 이 과정을 실제 실험으로 해보는 것은 거의 불가능하므로 경영진은 이때 주로 사고실험(thought experiment)을 통하게 되는데 다음 리스트는 각 범주에서 체크해야 할 항목들의 예이다. 물론 이 리스트는 실제 조직과 업무의 성격에 따라 추가되거나 보완되어야 할 것이다.

타당성 진단은 개선의 포인트를 명확히 밝히는 일이기도 하다. 예를 들어 현실 속에서 업무 목표의 달성 수준을 측정하는 작업이 애매하게 이루어지거나 피드백이 잘되지 않고 있다면, 이 문제를 게임화했을 경우 문제가 올바르게 개선될 수 있을지를 진단해보아야 한다.

진단은 게임화 도입 과정에서 매우 중요한 단계이므로 게임과 비즈니스를 두루 잘 이해하고 있는 사람이 주도하는 것이 바람직하다. 만일 조직 내에서 그런 인물을 찾을 수 없다면 외부 전문가를 활용하거나 그들과의 공동 워크숍 등을 통해 지식전수를 받는 편이 좋다. 게임화 전문가 브라이언 버크(Brian Burke)는 이 과정에서 드러나는 개선 포인트를 잠재적 플레이어인 고객과 직원의 관심 요소 또는 몰입 요소에 잘 반영해야 한다고 조언한다.[2] 앞서 보았듯 게임 플레이어의 자발성이야말로 게임화의 가장 중요한 변수이기 때문이다. 그가 말하는 플

---

2 Burke, B. (2012. 11. 5). Gamification 2020: What Is the Future of Gamification?. Gartner.

| 게임화 도입 타당성 진단 리스트 |

구분	현재 운영 상황(as-is)	게임화 도입 후 상황(to-be)
조직 운영 목표	- 장기 목표가 애매하거나 피상적 - 조직 목표/부서 목표/개인 목표 간 관계 불분명 - 조직 목표가 개인 능력, 주변환경에 비해 과도한 경우가 빈번	- 목표(미션)가 명확하게 제시됨 - 큰 목표 아래 작은 목표가 빈번히 제시됨 - 플레이어의 성장/성숙에 비례해 목표 수준이 적절한 능력치 범위 내에서 설정
규칙	- 업무 프로세스가 문서 등으로 규정되지 않음 - 문서화되어 있어도 실제와 다른 경우 발생 - 프로세스가 불분명하고 비효율적	- 매뉴얼이 있어도 실제 플레이어가 참고하는 경우는 많지 않음 - 규칙은 게임 과정을 통해 설명되고 플레이어에게 명확하게 이해되는 방식으로 설정
피드백	- 전체 목표 달성도, 문제점 등의 파악이 애매 - 업무에 대한 세부적 피드백 부족 - 본인 성과가 전체 진행에 어떻게 반영되는지 구체적 파악이 어려움	- 현재 어떤 상태인지 지속적으로 피드백 - 목표 달성에 실패한 경우 어떤 부분이 얼마나 부족한지 파악 가능
참여의 자발성	- 조직 목표, 규칙, 피드백, 결과를 공유하는 과정 및 문화 결여	- 플레이어는 게임 내 목표, 규칙, 피드백을 자발적으로 수용

레이어의 관심 요소란 빠른 피드백, 명확한 목표와 규칙, 설득력 있는 스토리, 어렵지만 달성 가능한 도전적 과제 등이다.

게임화 도입을 위한 설득, 어떻게 접근하면 좋을까?

게임화 도입의 초기 단계에서 결코 건너뛸 수 없는 과정 중 하나가 경영진을 포함한 내부 이해관계자들을 설득하는 일이다. 초기에 이 과정이 제대로 이루어지지 않으면 자칫 게임화 도입 시도가 언제든지 무위로 돌아갈 수 있다.

설득을 위해서는 무엇보다 다음 두 질문에 답할 수 있어야 한다. 그것은 첫째, '게임화를 도입하면 어떤 이득을 누릴 수 있을 것인가?', 그리고 둘째, '게임화 도입이 현실적으로 가능한가?' 하는 질문이다.

앞서 살펴본 진단 리스트에서 현재 운영 상황과 게임화 도입 후 상황 비교는 게임화 도입의 유용성을 보여준다는 점에서 첫 번째 질문에 답하는 데 활용될 수 있을 것이다. 첫 번째 질문의 핵심은 게임화를 활용하면 조직의 목표 달성에 더 효과적인가 하는 것이다. 그런데 이때 효과성의 기준이 반드시 정량적이거나 재무적일 필요는 없다. 전략적·전술적 유용성을 제고할 수 있다면 얼마든지 필요한 게임화가 될 수 있으며 그 판단은 경험 많은 관리자나 경영자의 몫이 될 것이다. 때로 조직은 게임화를 본격적으로 도입하기 위한 예비 단계로 작은 스케일의 게임을 앞서 실행해볼 수 있는데, 이것이 임직원과 고객의 반응을 살펴보는 용도로 활용될 수 있다.

두 번째 질문인 '게임화 도입의 현실적 가능성'은 동원 가능한 자원의 양 또는 활용 가능성이라는 척도로 측정해볼 수 있다. 오늘날에는 기업이 게임화를 도입하는 데 활용 가능한 내·외부 자원이 적지 않으며 게임 산업 및 게임화 발달에 힘입어 활용 가능성이 점점 더 높아지는 추세이기도 하다. 게임화를 지원하는 전문기관, 즉 게임 개발자나 게임 컨설턴트와 활용 가능한 게임 툴(tool)이 이미 상당한 발전 단계에 있기 때문이다.

경영자들이 다른 과업에 바쁜 나머지 게임 분야에 신경을 못 써서 그렇지 현재 우리나라의 게임·게임화 산업의 발달 정도는 이미 상당한 수준에 이르러 있다. 그러므로 향후 게임에 입문하고자 하는 경영자는 외부 전문가의 힘을 빌리는 데 인색할 필요가 전혀 없다. 이미 국내에서도 다양한 종류의 게임화 세미나, 심포지엄, 컨퍼런스가 개최되고 있다. 게임화 전문가들로부터 얻을 만한 도움이 언제나 손닿는 거리에 있다는 의미다.

기업을 대상으로 여러 종류의 컨설팅 과업을 수행하다 보면 조직 내 최고 의사결정권자인 CEO의 의지가 과업 성공을 좌우하는 중요 변수라는 생각이 들 때가 적지 않다. 이 점은 게임화 도입과 관련한 의사결정에서도 마찬가지다. CEO의 확고한 의지는 만난을 극복하는 든든한 후원군이 되어줄 수 있으므로 게임화 도입 초기에 CEO를 잘 설득해내는 일이 매우 중요하다.

CEO의 긍정적 반응을 이끌어내는 데 성공했다면 일단 교두보는 확보한 셈이니, 이제부터는 조직 내에서 게임화에 찬성하며 긍정하는 부문과 인력의 수를 늘리는 데 주력해야 한다. 게임의 성패가 플레이어의 열성과 자발성에 달려 있듯, 게임화 도입은 조직 내 반대 세력까지 자발적 플레이어로 만들어낼 수 있느냐가 관건이기 때문이다.

이 과정이 순조롭게 실행되려면 조직 내외부의 다양한 기대와 이해관계를 조정하는 일이 선행될 필요가 있다. 게임을 디자인하고 도입하는 일은 디자이너를 위한 것도, 경영자를 위한 것도 아니다. 게임에 플레이어로서 참여하는 직원과 고객은 그들 나름의 목표와 이익을 기대하고 있을 것이다. 같은 고객, 같은 직원이라 해도 기대하는 바는 전혀 다를 수 있으므로 이를 조정하는 일이 결코 쉽지는 않다.

그렇지만 한 가지 긍정적인 소식은 있다. 그것은 세상 그 누구도 게임이 부여하는 재미를 부정하지 못할 것이라는 사실이다. 앞서 보았듯 게임 앞에서는 남녀도, 연령도, 학력도 무관하다. 단지 명심해야 할 것은 게임화 도입을 위한 설득은 논리적이거나 이성적이기보다는 스스로 게임을 체험해볼 수 있게 하거나 그러한 경험을 공유하도록 하는 편이 더 효과적이라는 점이다.

조직 내에 게임화 도입을 설득하는 일은 이성적 영역이면서, 그 못지않게 감성적 영역이기도 하다. 게임의 효과를 생산성 등 데이터로 제시하는 것도 중요하지만 게임의 재미를 이해관계자가 감성적으로 느낄 수 있도록 한다면 설득은 이미 절반 이상 이루어진 것이나 다름없다. 게임화는 마음으로 공감하는 데 그 핵심이 있기 때문이다. 게임화의 초기 효과는 미미할 수 있지만 그것이 자리 잡아가는 과정에서 어떤 극적 효능을 발휘할지 처음부터 다 예정해두기란 어려운 일이다. 순전히 이성적 데이터만으로 의사결정을 할 수 없는 이유다.

게임화 생태계의 움직임을 주시하라

앞서 잠시 언급했듯 게임화의 현실적 가능성을 점검하려면 게임화를 위해 가용한 내부인력, 전문성과 역량, 재무 자원 등을 점검해보아야 한다. 게임화를 내부인력만으로 실행하기란 거의 불가능하므로 필요한 인력과 자원을 외부에서 조달해야 할 경우가 발생할 것이다.

물론 도입화 과제를 통째로 외부 전문기관에 아웃소싱하는 방안도 생각해볼 수 있지만 '게임화'는 '게임'과는 다르다는 점을 명심해야 한다. 게임화를 위해 게임 자체를 아웃소싱할 수는 있지만 그것이 곧바로 비즈니스의 복잡한 성격에 부합하는 게임화로 자리 잡는다는 보장은 없다. 비즈니스 맥락 속에서 조율되지 않은 게임화는 조직 및 업무와 관련된 특징, 조직의 탄생 및 성장 서사[3]들이 반영된 스토리를 담기에 미흡할 수밖에 없다. 그러므로 필요한 분야의 게임 전문가를 조직의 내부인력으로 영입하는 한이 있더라도 회사는 반드시 내부인력을 통해 게임화 과정에 긴밀하게 개입해야만 한다.

게임 개발과 관련된 분야에서 외부 인력 및 자원에 의존할 경우 가장 우선해야 할 일은 게임화 생태계의 존재를 확인하는 일이다. 게임화 구상이 아무리 좋아도 현실로 구현하는 것은 관련 자원과 노하우를 지원하는 생태계 역량에 좌우되는 경우가 대부분이기 때문이다. 게임화

---

[3] 조직의 성장 과정에 뚜렷한 발자취를 남긴 사건이나 영웅적 인물들의 서사는 게임화 스토리에 생명력을 불어넣는 훌륭한 소재가 될 수 있다.

생태계는 게임화 플랫폼, 컨설팅 회사, 소프트웨어 제공 업체 등으로 구성된다. 게임화 생태계는 게임화 애플리케이션 개발부터 게임화 계획 전략 수립 및 구현에 이르기까지 다양한 서비스를 제공한다.

오늘날 비즈니스와 게임 및 게임화 산업의 거리는 날로 가까워지고 있다. 비즈니스의 게임화를 지원하는 전문기관, 컨설팅 조직도 우후죽순 생겨나고 있다. 게임화 초창기부터 비즈니스 게임화 컨설팅을 실행해온 기업 '옥탈리시스'를 이끌고 있는 유카이 초도 그중 한 사람인데, 이들은 채용·광고·마케팅·교육·혁신 등 다양한 분야에서 게임화 지원을 미션으로 삼고 있다.

최근 게임화 생태계의 진화에서 특히 주목할 점은 AI의 존재다. AI는 기존 게임화 수단들의 성능을 비약적으로 업그레이드시킬 만한 핵심 수단으로 부상하고 있다. AI를 잘 활용하면 게임의 질적 수준이 한 단계 더 높아지는 것은 물론 각종 수단의 선택 범위가 넓어지고 인터페이스가 고도화되는 효과도 누릴 수 있다.

기존에 수작업으로 이루어지던 게임의 배경과 인물의 창조는 물론 그들의 움직임도 최근 개발된 AI를 활용하면 원하는 대로 간단하게 실현할 수 있다. 인간이 며칠 또는 몇 주나 걸려야 해내는 작업이 몇 십 분, 몇 시간이면 구현되는 것이다. 이로 인해 최근의 게임화 생태계는 점차 AI를 중심으로 재편되는 추세다.

현재 게임화에 활용될 수 있는 AI는 대부분 '생성형 AI'인데 챗GPT, 미드저니(Midjourney)를 비롯해 파이어플라이(Firefly), 빙(Bing), 마이크로소프트 365 코파일럿(Microsoft 365 Copilot), 스테이블 디퓨전

(Stable Deffusion) 등이 있다. 생성형 AI 중에서도 2024년 2월 미국의 오픈AI(OpenAI)가 공개한 '소라(Sora)'는 몇 단어로 구성된 문장만으로 화려한 동영상을 구성해내는 능력을 보여주어 세계를 놀라게 한 바 있다. 이것은 AI의 발전이 어디까지 왔는지를 단적으로 보여주는 사건으로 기억되고 있다.

이들 AI는 저마다 특색과 장점을 보유하고 있으므로 도입하려는 게임의 특성에 따라 가장 부합하는 AI를 선택하는 것이 바람직하다. AI뿐 아니라 기존 증강현실(AR), 가상현실(VR) 및 혼합현실(MR) 기술의 통합은 사용자 경험에 혁명적 변화를 가져올 수 있다. 아마존과 월마트 등 다양한 소매 업체는 AR, VR을 배포하여 쇼핑 시 고객과의 상호작용을 향상시키고 있다. 향후 이러한 기술들이 AI와 결합한다면 더 혁신적인 게임화 수단으로 재탄생할 것으로 기대된다.

성공적인 게임화 도입을 위해서는 이러한 기술적 동향은 물론 핵심 기술을 둘러싸고 형성되는 생태계의 움직임을 주시해야 한다. 게임은 물론 게임화라는 흐름도 그 근저에는 기술이 존재하고 있음을 잊지 말아야 한다.

우리 조직에 맞는 게임 찾아내기

비즈니스의 게임화란 게임의 재미나 최신 유행만을 좇아 진행될 수 있는 것이 아니다. 게임화가 우리 회사의 이미지를 잘 표현하며 회사를 대표하는 것이 되려면 회사와 관련된 기본 사항 및 특징이 정확히 규정되지 않으면 안 된다.

회사는 왜 설립되었으며, 누구의 무슨 문제를 해결하려고 하는지, 그 일을 어떤 방식으로 실행하고 있는지에 대해 간결하고 함축적으로 요약해보는 일이 그래서 중요하다. 또한 우리 회사는 산업 내에서 어떤 포지셔닝을 하고 있는지, 누구와 경쟁을 벌이고 있는지, 어떤 고객을 상대하고 있는지, 공급 업체는 어떤 곳인지도 두루 고려해야 한다.

이러한 사항들을 고려하여 게임화의 큰 방향이 설정되었으면 다음으로는 현실적인 문제, 즉 게임의 수용성과 효과성을 높이려는 고민이 시작되어야 한다. 이를 위해서는 무엇보다 우리 회사의 업무 특성, 조직 위계, 성과 배분 방식과 같은 조직의 기본 속성이 게임의 설계 과정에 반영되도록 해야 한다. 동종업계의 기업들이 현재 전개하고 있는 게임화의 사례를 참조해보는 것도 좋은 방법이다.

먼저 업무 특성의 경우 게임화 대상 업무가 단순 반복 업무냐, 전문적이고 창의적인 업무냐에 따라 게임화의 방향이 달라져야 한다. 단순한 업무에는 쉽고 간단한 규칙과 보상체계가 적용되어야 한다. 그러나 전문적·창의적 업무를 수행하는 인력을 대상으로 그러한 게임 방식을 적용했다가는 낭패를 당할 것이다. 앞선 사례에서 보았듯이 유통 업체 타깃은 계산대 직원의 계산 속도를 높이기 위해 가장 단순한 수준의 정산 게임을 실행하는 것으로 충분했지만, 전문성이 요구되는 의료장비를 다루는 옴니케어의 경우에는 고객응대 서비스 속도를 높이는 데 이보다 훨씬 복잡한 방식의 게임이 필요했다는 사실을

| 게임화 설계 시 조직 특성에 따른 유의점 |

구분	특성	게임화 설계 시 유의점
업무 특성	단순 반복 업무	단순한 규칙과 보상체계 활용
	전문적·창의적 업무	정교하고 섬세한 미션과 피드백 필요
위계화 정도	수직적·군대식 조직	현실 피드백과 게임 피드백이 양립 가능하도록 설계 (그렇지 않으면 게임에 흥미를 잃을 가능성)
	수평적·공동체 조직	피드백이 객관적 정확성/엄밀성을 지닐 필요 (현실의 수평조직은 평가체계가 느슨한 경향)
성과 배분 방식	개인 성과 중시	개인 성과와 팀 성과의 균형 유지 (현재의 평가가 개인/팀 한쪽으로 치중되어 있을 경우 이를 보완하기 위해 게임 피드백 활용)
	팀 성과 중시	

상기하자.

조직의 위계화 정도에 따라 게임화 전략도 달라져야 한다. 전문가들은 수직적 위계가 엄격한 조직일수록 현실 피드백과 게임 피드백이 긴밀한 관련을 갖도록 해야 한다고 조언한다. 직원들이 엄격한 위계를 받아들이는 까닭은 그에 대한 보상으로서 피드백을 강하게 의식하기 때문이며 그렇지 못할 경우 게임에 흥미를 잃게 된다. 반면 수평적 위계를 채택한 조직은 피드백의 객관적 정확성과 엄밀성이 중요한 변수로 작용한다. 왜냐하면 수평적 조직일수록 성과와 인센티브 간 피드백이 느슨한 경우가 많아 게임화를 통해 이러한 느슨함을 보완할 수 있다고 보기 때문이다.

성과 배분 방식에 있어, 현실의 조직은 개인 성과를 중시하는 조직과 팀 성과를 중시하는 조직으로 구분될 수 있는데, 개인 성과와 팀 성과는 트레이드오프(trade off) 관계를 갖는다. 즉, 한쪽에 대한 평가 비중이 커지면 다른 쪽은 작아지기 마련이다. 어느 쪽의 경우든 게임화를 실행하는 과정에서는 그 관계가 바람직한 방향으로 균형이 유지되도록 조율할 수 있으리라 본다. 게임은 다양한 평가와 보상의 배합을 통해 개인에 대한 보상과 팀에 대한 보상을 적절한 수준에서 구성할 여지를 갖기 때문이다. 가령 개인 성과에 대한 보상이 미흡할 경우 게임화는 이를 보충해줄 훌륭한 수단이 될 수 있다. 게임화를 통한 보상은 비록 규모와 금액이 크지 않더라도 더 빈번하게, 더 개인화된 형태로 얼마든지 제공될 수 있기 때문이다.

이 같은 순서로 게임화를 반복적으로 고민하다 보면 게임 설계 과정에서 획득한 통찰이 현실의 업무 프로세스 및 조직구조 재설계에 활용되는 부수적 성과도 얻을 수 있다. 즉, 게임의 효율성과 효과성을 점검하는 관점에서 기존의 조직과 업무를 재평가해보게 되는 것이다. 일례로 지멘스는 가상의 공장 짓기 게임 '플랜트빌(Plantville)'을 설계하는 과정에서 기존 업무 프로세스의 효율성과 적합성을 다시 살펴볼 수 있었다. 게임화 과정에서 전체 업무를 통찰하는 안목을 얻었기 때문이다.

2장

누가 할 것인가: 플레이어 유형 분류와 동기 분석

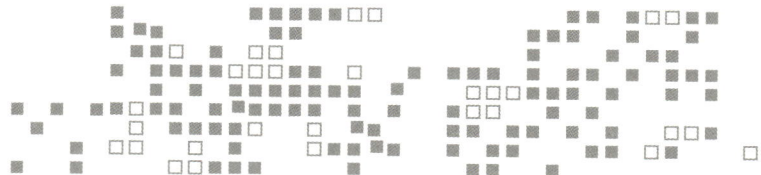

기능 중심에서 인간 중심으로

게임은 인간을 중심으로 디자인되어야 한다. 게임화의 목표와 기능은 결코 무시될 수 없는 부분이지만 그럼에도 게임의 핵심은 여전히 플레이어, 즉 인간이다. 이런 맥락에서 유카이 초는 "게임화란 '기능 중심의 과업 디자인'에서 '인간 중심의 과업 디자인'으로 나아가는 과정"이라 정의한 바 있다.[4]

인간 중심의 과업 디자인이란 인간이 몰입할 수 있는 과업 디자인을 말한다. 게임은 인간의 몰입도를 끌어올릴 수 있는 최상의 수단 중 하나이다. 몰입도 높은 게임을 디자인하기 위해서는 디자인 자체도 중요하지만, 무엇보다도 플레이어의 속성을 파악하는 일이 중요하다. 참여자들의 특성에 따라 재미와 성취 욕구가 상이하기 때문이다.[5]

예를 들어 성별에 따라 게임에서 추구하는 재미의 양상이 다르다. 다

---

[4] Human-Focused Design: The Better Term for Gamification. ⟨https://yukaichou.com/gamification-guest-posts/human-focused-design-better-term-gamification/⟩

[5] 물론 빅데이터 분석을 통한 특성 분류도 가능하다. 그것은 인구통계학이 밝히기 어려운 보다 세밀하고 현재적이고 동태적인 분석까지 포함할 수 있다. 그러나 빅데이터 분석이 게임 플레이어 분류에도 유용하다는 사실은 아직까지 충분히 검증되지 않았다.

수의 게임 연구자는 남성의 경우 게임에서 경쟁, 파괴, 공간 퍼즐 등을 선호하는 경향이 있고 여성들은 현실성, 감정 표현, 언어 퍼즐에 흥미를 보인다고 말한다. 하지만 이러한 주장도 고정된 사실은 아니므로 변화의 가능성을 항시 열어두어야 한다. 남녀의 정체성, 고유 역량과 관련된 주장은 시대별로 꾸준히 변해왔다.

게임 플레이어는 대개 아바타로 표현되는데, 각 아바타는 보다 구체적으로 차별화될수록 좋다. 예를 들어 '플레이어A는 졸업 후 바로 취업했으나 직장에 대한 불만이 쌓여가는 상태이며, 가까운 장래에 MBA 과정을 이수하려 계획하고 있다.'라든가, '플레이어B는 아이비리그 졸업자로 최근 은퇴했고 일주일에 3회 골프를 치는 베이비부머이다.' 같은 수준까지 기술되는 것이 바람직하다.

아바타는 인간과 유사한 형태를 지닌 경우가 대부분이지만 인간과 전혀 다른 특성, 외모를 지녀도 무방하다. 보수적 성향의 플레이어는 인간과 닮은 아바타를 선택하는 경향이 있고, 개방적 성향의 플레이어라면 인간과 전혀 닮지 않은 아바타를 선택하는 경향도 있을 수 있다.

가령 '스타크래프트'의 경우 세 종류의 아바타 중 테란(Terran) 종족은 인간, 특히 해병대원을 연상시키지만 프로토스(Protoss)나 저그(Zerg)는 전혀 다른 특성의 외계 종족 아바타이다. 일반적으로 생각할 때 테란 종족을 자신의 아바타로 선택하는 플레이어가 가장 많을 것 같지만 실상은 세 종족 간의 선택 비율이 거의 비슷하다. 이러한 현상에 대해 전문가들은 인간과 전혀 다른 아바타는 이질감을 갖게 만들기도 하지만 일단 적응하고 나면 더 깊은 몰입감을 선사하기 때문이라

'스타크래프트'의 세 종족

분석한다. 인간은 꼭 자신과 닮은 것에만 이입하는 존재가 아니다. 특히 젊은 세대일수록 기존 자아와 이질적인 아바타를 선택하는데 거리낌이 없는 것으로 알려져 있다.

플레이어의 욕구와 유형을 정확히 파악하기

플레이어와 관련하여 중요한 것은, 플레이어 자신도 무엇을 원하는지 잘 표현하지 못하는 경우가 발생할 수 있으므로 내면의 잠재된 욕구를 정확히 파악하는 일이다. 이는 플레이어가 생각지도 못한 게임의 재미에 이끌릴 가능성이 충분히 있다는 것을 의미한다.

그러므로 성별과 연령 외에도 행동양식, 생활 동선, 선호, 인간관계 등 다양한 변수를 함께 분석해야 한다. 가령 야구와 유사한 게임을 만들려면 야구팬들의 성향을 참고할 필요가 있는데, 그러려면 기존에 축적된 야구 관객 DB를 충분히 활용해야 한다. 이때 고정된 인구통계학 데이터보다는 생활 동선이나 선호의 변화까지 포함하는 최근의 빅데이터를 활용하는 것이 바람직하다.

한편 플레이어의 유형을 분류하는 방법은 셀 수 없이 많다. 게임화를 도입하려는 조직은 그 취지와 목적에 따라 다양한 분류 방법을 사용한다. 예를 들어 그는 탐욕적 유형인가 vs. 절제하는 유형인가, 감성적인가 vs. 이성적인가, 돈을 중시하는가 vs. 명예를 중시하는가, 유행을 쉽게 따르는가 vs. 자신의 스타일을 고집하는가 등의 분류가 그것이다.

비즈니스에서 게임화의 장점을 십분 살리기 위해 기업들이 주로 활용하는 플레이어 유형 분류 방법은 리처드 바틀(Richard Bartle)의 프레임이다. 바틀은 '혼자 놀기(acting) vs. 상호작용(interacting)', '세계(world) 지향 vs. 타(他)플레이어(players) 지향'이라는 두 축에 '명시적(explicit) vs. 암묵적(implicit)'이라는 하나의 축을 추가하여 플레이어를 여덟 가지 유형으로 분류하여 발표했다.[6]

좀 오래된 프레임이긴 하지만 지금도 많은 게임화 전문가가 바틀의 분류를 기본 틀로 삼아 이를 응용하는 방식으로 자신만의 방법론을 도

---

6 Bartle, R (2005). Virtual Worlds: Why People Play. ResearchGate.

| 바틀의 여덟 가지 플레이어 유형 |

플레이어 유형	특징
기회추구형 (opportunists)	• 기회가 오면 우물쭈물하지 않는다. • 일을 하다 장애물이 생기면 다른 일, 다른 방법을 찾는다. • 다양한 아이디어를 이리저리 넘나들며 생각한다.
계획형 (planners)	• 일을 추진할 때 목표를 먼저 생각한다. • 하나의 아이디어가 떠오르면 끝까지 추구한다. • 일을 진행하며 어디까지 진행했는지 계속 파악한다.
과학자형 (scientists)	• 어떤 사건, 현상의 원인에 관심이 많고 잘 설명한다. • 지식을 얻는 방법이 체계적인 편이다.
해커형 (hackers)	• 하고 싶은 일은 일단 하고 보는 편이다. • 새로운 물건, 사건, 장소에 관심이 많다. • 본능적, 직관적 판단을 잘하는 편이다.
네트워크형 (networkers)	• 새로운 친구 사귀기를 즐긴다. • 내게 도움이 될 사람, 그렇지 않은 사람을 쉽게 판단할 수 있다.
친구추구형 (friends)	• 새로운 친구보다는 오래된 친구들에게 집중한다. • 친구들의 실수, 단점을 덮어주곤 한다.
실패자형 (griefers)	• 마음에 안 드는 사람의 일을 고의적으로 방해한다. • 나쁜 평판을 들어도 크게 개의치 않는다. • 다른 사람을 골탕먹이면 통쾌한 생각이 든다.
정치가형 (politicians)	• 앞날을 미리 내다보고 행동하는 편이다. • 사람들에게 일을 잘 시키는 편이다. • 큰 성과를 만들고 타인에게 좋은 평판을 받는 것에 집착한다.

출한다.

　박성진과 김상균은 교육 게임화에 관한 연구에서 235명의 연구 참여자들을 대상으로 바틀의 플레이어 유형과 학업 성취도의 연관성을 분석한 바 있다.[7] 포인트, 배지, 리더 보드 등 게임 메커니즘을 활용한 교육 게임화 실행 과정에서 참여 플레이어들은 수업을 게임 형태로 진행했을 경우 의사소통 능력, 의사결정 능력, 학습 태도, 집중력 향상, 수업에 대한 흥미도 등 전반적 항목에서 유의미한 수준의 향상을 보여주었다. 특히 주목할 만한 것은 플레이어 유형별로 차별화된 성취도를 나타냈다는 점인데 과학자형, 친구추구형, 정치가형의 세 가지 유형이 상대적으로 높은 성취도를 보였으며[8] 계획형과 해커형은 가장 낮은 점수를 기록했다.[9] 게임화가 플레이어 유형에 따라 다른 결과를 낼 수 있음을 보여준다. 그러므로 예상 플레이어의 유형을 파악하는 일은 게임화의 종류를 결정하는 데 매우 중요한 변수가 됨을 알 수 있다.

최근에는 유카이 초의 플레이어 동기 분석 방법이 많은 개발자의 주목을 끌고 있다. 유카이 초는 《게이미피케이션 실전 전략(*Actionable Gamification*)》에서 '옥탈리시스(Octalysis)'라는 인간 동기 분석 프레임을 제안했다. 이 동기 분석 프레임에서 유카이 초는 게임뿐 아니라 생활 속에서 우리가 하는 모든 행동을 유발하는 여덟 가지 동력을 제시한다. 그는 이것이 인간에게 큰 영향을 미칠 수 있다고 생각했는데, 우리의 뇌가 태생적으로 이 동기 유발 요소들을 받아들이게 되어 있기

---

[7] 박성진·김상균 (2017). "교육 게이미피케이션 환경에서 바틀의 플레이어 유형 간 학업 성취도 차이 검증". 《한국게임학회 논문지》. 17(4): 25-36. 한국게임학회.

[8] 연구자들은 이들 세 유형의 공통적 특징이 타플레이어와의 상호작용을 선호하는 것이라며, 수업 대부분이 팀 활동으로 진행되었으므로 높은 성과를 낼 수 있었을 것으로 추측하고 있다.

[9] 연구자들은 이들이 공식 성적보다는 개인적 성취에 더 집중하는 경향을 띠기 때문에 이러한 결과가 나왔을 것으로 추측하고 있다.

때문이라는 설명이다. 유카이 초가 제시한 동기 유발 요소들은 다음과 같다.

1. 서사적 의미와 소명: 무엇인가를 아주 훌륭하게 잘하고 있다는 생각 또는 무엇인가를 하도록 선택받았다는 믿음
2. 발전과 성취: 발전을 이루고 기술을 개발하여 당면한 문제 상황을 극복하고자 하는 내면적 동기
3. 창조성과 피드백: 발전을 도모하기 위해 창조적으로 다양한 방법들을 생각해내고 성과에 대한 인정을 기대하는 태도
4. 소유와 소유물: 부, 재산, 정보, 수집물 등 무엇인가를 자신의 것으로 소유하고자 하는 욕구
5. 사회적 압력과 관련성: 사회적 반응, 동료의식, 경쟁과 선망 등 인간에게 동기를 부여하는 사회적 요소
6. 결핍과 조바심: 자원이 부족하거나 자원에 접촉이 어려운 상황에서 '소유할 수 없기 때문에' 더 간절히 원하는 태도
7. 예측 불가능성과 호기심: 영화를 볼 때나 도박을 할 때처럼 다음에 무슨 일이 일어날지 알고 싶은 호기심
8. 손실 회피: 부정적인 일이 발생하는 것을 피하고 싶은 마음

바틀의 플레이어 유형 분류나 유카이 초의 인간 동기 분석 프레임은 일반적 게임 개발에 유용한 방법론이지만 실상 비즈니스의 게임화에서도 사정은 다르지 않다. 그러한 동기들이 원초적인 인간의 욕망과

욕구를 다루고 있으며 게임이란 이것들을 충족시키는 수단인 것이다. 설령 게임화가 비즈니스를 위해 도입되는 것이라 해도 플레이어의 동기 유발 요소를 간과한다면 게임화의 목적 달성은 요원해질 수밖에 없다. 정도 차이는 있을지언정 이러한 요소들은 게임을 통해 필수적으로 달성되어야 할 기본적 욕구로 이해해야 할 것이다.

한편 플레이어 유형 파악은 그들의 욕망 또는 욕구를 분류, 추적하는 것만으로 끝나는 과제가 아니다. 플레이어의 단계적 성장 사이클에도 주목할 필요가 있다. 즉 게임화 과정은 플레이어의 정적 측면뿐 아니라 그들이 성장 사이클에서 어떤 위치에 있는지에도 주의를 기울여야 한다. 게임화의 대상이 되는 고객들은 자신의 성장 단계에 부합하는 게임을 원할 것이기 때문이다.[10] 게임화란 이러한 단계마다 적절한 도전 과제와 리워드를 준비하는 끝없는 반복 과정으로 이해되어야 한다.

---

[10] 플레이어의 성장은 일반적으로 '초보자(칭찬, 격려) → 정기 플레이어(즐김) → 전문가(도전 과제, 인정)'의 단계를 밟는 경우가 많다.

3장

무엇으로 실현할 것인가:
목표, 대상, 툴 배치하기

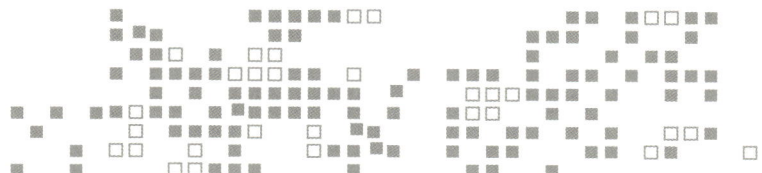

왜?: 게임화의 목표 수립

게임화의 목표를 수립하는 일은 앞서 살펴본 게임화 도입의 필요성 논의와는 그 지향점이 다르다. '목표 수립'은 필요성의 단계를 넘어 비즈니스의 목적을 명확히 정의하는 단계다. 즉 게임화를 통해 해결해야 할 문제가 무엇이고, 왜 게임화를 적용해야 하는지를 보다 구체적인 목표의 설정으로 알아내야 한다.

게임화 전문가 대니얼 그리핀(Daniel Griffin) 등은 게임화의 목표가 조직 피라미드의 상층부에서 먼저 확인되어야 한다고 주장한다. 게임화 실행을 염두에 둔 현실적인 주장이다.

> 오너나 고위 경영진을 이 집단의 주요 이해관계자로 선정하라. 비즈니스 목표와 이들의 목표는 일치하고 이들의 목표가 비즈니스 목표를 이끌기 때문이다.[11]

---

11 대니얼 그리핀·앨버트 판데르 메이르 (2022). 《자, 게임을 시작합니다》. 장용원 역. 흐름출판.

《자, 게임을 시작합니다》에서 그리핀 등 저자들은 내부 문서 등을 통해 기업의 목표를 확인할 수도 있으나 가급적 경영자를 포함한 상층부 이해관계자들을 직접 만나 생생한 의견을 청취할 것을 권한다.

물론 대부분의 경우 기업의 목표는 재무적 지표와 밀접하게 연관될 것이다. 그렇지만 게임화 도입을 위한 목표는 이보다 훨씬 구체적인 수준에서 수립될 필요가 있는데, 예를 들어 고객 유지율, 홈페이지 방문 숫자, 브랜드 충성도, 직원 1인당 생산성 등이 그것이다.

이 지점에서 중요한 것은 회사의 목표와 플레이어가 게임에서 달성하려는 목표가 양립하거나 일치할 수 있는가 하는 문제이다. 회사의 목표와 게임의 목표가 양립해야 할 필요성에 대해 그리핀 등은 다음과 같이 설명하고 있다.

> 당신 회사의 비즈니스가 아마존의 삼림 벌채를 막는 것과 관련이 있거나 암 퇴치를 하려는 것이라면 사람들이 동참하려고 할 만한 분명한 목적이 있다. 그런데도 다른 목적을 기반으로 게이미피게이션 환경을 구축한다면 바보 같은 짓이 될 것이다.[12]

게임을 통해 달성하려는 기업의 목표는 단기적인 것일 수도, 장기적인 것일 수도 있다. 현재 대다수 전문가는 게임화가 단기 목표 달성에 활용되는 것이 더 바람직하다고 주장한다. 게임이란 대부분 당장 눈앞

---

[12] 대니얼 그리핀·앨버트 판데르 메이르 (2022). 《자, 게임을 시작합니다》. 장용원 역. 흐름출판.

에서 즐기고 성과를 확인하는 것이지 장기적 성취를 염두에 두는 것이 아니라는 인식이 강하기 때문이다.

한편 게임화 도입을 통해 모든 이해관계자의 목표가 동시에 달성될 것이라 기대할 수도 없다. 게임화는 결코 만병통치약이 아니기 때문이다. 그러나 도입 단계에서 각 이해관계자 그룹의 목표를 파악하는 것은 매우 중요한 일이다. 게임화 도입 역시 기업의 다른 전략과 마찬가지로 조직 내부의 협의와 조율을 거치는 과정이 필수적이다.

또 한 가지 명심해야 할 점은, 목표 수립이 일회성으로 끝나서는 안 된다는 것이다. '목표'는 게임화를 도입하고 실행하는 동안 지속적이면서 반복적으로 재검토되어야 한다. 게임 자체에 몰두하느라 게임화를 도입한 본래 정신이 퇴색되는 일이 수시로 벌어질 수 있어서다. 설령 플레이어의 목표가 회사의 목표와 일치하지 않는다 해도 실망할 필요는 없다. 플레이어를 관찰한 뒤 그의 가치와 회사의 가치 사이의 간극이 다시 좁혀지도록 양자의 목표를 조정하면 된다.

게임화 과정은 말하자면 몰입을 이끌어내는 과정이다. 처음에 목표가 잘 세팅되었어도 게임을 진행하다 보면 어느새 어긋나는 경우가 다반사다. 게임 과정에서는 '꼬리가 몸통을 흔드는' 또는 '수단과 목표가 전도되는' 현상이 수없이 발생할 수 있다. 이런 일이 생긴다면 경영자는 냉정하게 초심으로 돌아가는 자세를 취해야 한다. '게임의 도입 취지'를 원점에서 다시금 생각해보는 일이 중요하다. 목표, 환경, 플레이어의 태도 변화 등에 대해 고려하는 것은 원점을 점검하고 난 다음의 일이다.

무엇을?: 게임화의 목표 행동 설정

목표가 수립되면 이제 게임의 '목표 행동(target behavior)'을 설정할 차례다. 목표 행동은 변화를 위해 선택된 구체적인 행동이다. 즉 목표 행동을 설정한다는 것은 게임 실행 시 바람직한 행동을 어떻게 규정하고 측정하는가의 문제이다. 이 과정에서는 참가자 경험 변화의 경로를 설계하는 것이 핵심이다.

회사의 비즈니스 목표와 연계되지 않는 게임을 만들었다면 그것은 그냥 게임을 만든 것이지 비즈니스의 게임화를 했다고는 말할 수 없다. 이런 함정을 피하려면 게임을 통해 영향을 끼치고 싶은 측정 지표가 무엇인지 먼저 찾아내 그러한 지표에 영향을 미치는 게임을 디자인해야 한다. 이 과정에서 모든 목표 행동은 플레이어가 쉽게 이해하고 행동에 옮길 수 있는 수준으로 구체적으로 분절되어 기술될 필요가 있다.

그런데 게임이란 일종의 스토리이고 스토리가 제대로 작동하려면 의미를 지녀야 한다는 사실을 잊지 말자. 게임화 대상은 그러한 의미를 드러내는 것이어야 한다. 대니얼 그리핀 등은 게임화에서 표현되어야 할 의미를 표층적 의미와 이면의 의미로 구분하여 설명하는데 이것은 게임화가 올바른 방향으로 향하는 데 있어 매우 중요하다. 대니얼 그리핀 등은 마케팅 게임화와 관련하여 다음의 예, 즉 '(표층적)판매 행위'와 '(이면의)판매 의미'로 설명하고 있다.

| 판매 행위와 판매 의미 |

회사(업종)	표층적 판매 행위	이면의 판매 의미
자동차 제조 및 판매	우리는 명품 자동차를 판매합니다.	아니다. 당신은 사회적 지위를 판매하는 것이다.
피트니스 센터	우리는 운동 시설을 제공합니다.	아니다. 당신은 건강을 판매하는 것이다.
에너지 판매	우리는 청정에너지를 판매합니다.	아니다. 당신은 지속가능성을 판매하는 것이다.

위의 예시에서는 모두 명확한 '제품'이 있다. 하지만 우리가 보아야 할 것은 그 제품이 충족시키는 욕구다. […] 우리의 방법은 어떻게 하면 고객 욕구과 의미 있게 관계 맺을지에 관한 것이다. 이 말은 적절한 고객 욕구를 확인한 다음, 게이미피케이션 기법을 이용해 당신 회사의 제품이나 서비스를 이 욕구에 맞게 조정하라는 뜻이다.[13]

이면의 의미를 확인하는 일은 구체적 목표 행동을 이끌어내는 데 중요한 지침이 된다. 다음은 게임화를 도입한 기업들이 주로 활용하는 목표 행동의 예이다.

---

[13] 대니얼 그리핀·앨버트 판데르 메이르 (2022). 《자, 게임을 시작합니다》. 장용원 역. 흐름출판.

플레이어의 목표 행동의 예

▶ 당사 웹사이트에 계정을 신청한다.
▶ 토론 게시판에 의견을 개진한다.
▶ 우리 서비스에 대한 정보를 트위터로 공유한다.
▶ 타인의 제안에 의견을 남기거나 투표에 참여한다.
▶ 우리 레스토랑을 방문한다.
▶ 특정 기업 브랜드의 종이타월을 구입한다.

　게임화의 목적에 따라 목표 행동은 이보다 더욱 세밀하게 제시될 수도 있다. 가령 건강관리를 목표로 하는 플레이어는 다음과 같은 구체적인 세부 목표 행동을 설정할 수도 있을 것이다.

건강 관리 프로그램 게임화의 목표 행동 예시

▶ 목표: 한 달 안에 5킬로그램 체중 감량
▶ 목표 행동①: 매일 아침 30분 유산소 운동을 한다.
　목표 행동②: 음주를 제한한다.

위의 예에서 보듯 목표 행동은 쉽고 단순해야 한다. 단문으로 표현될 수 있어야 하며 누구라도 한눈에 이해할 수 있어야 한다. 비즈니스 목표와 직접적으로 연결될 수도 있고 플레이어를 끌어들이기 위해 설정될 수도 있다. 대체로 목표 행동은 이 두 가지 성격을 모두 지니며 이것들을 섞어 배치하는 것이 일반적이다.

어떻게?: 게임화의 툴 배치

다음은 게임화 실현을 위해 적절한 도구를 배치하는 단계이다. 이 단계에서는 과연 플레이어들이 게임에 자발적으로 참여할 것인가를 집중적으로 검토해야 한다. 그리하여 플레이어의 동기가 구체적인 목표 행동으로 이어지도록 도전, 안정, 관계, 명예, 자아실현, 재미추구 등의 동기부여 요소를 제시해야 한다. 또한 목표 행동의 성공 및 달성 기준을 설정하고(예를 들어 게시물 읽음 1점, 댓글 달기 5점, 게시물 올리기 10점 등) 이를 정량화하여 배지나 포인트 지급, 레벨 업그레이드 등의 보상과 연결지어야 한다.

이를 위해 게임 디자이너는 자신이 가장 좋아하는 게임을 떠올려볼 수 있을 것이다. 컴퓨터 게임이든, 보드 게임이든, 스포츠든 상관없다. 그 게임이 지닌 게임요소를 모두 기록한 후 그 게임이 어떻게 설계되어야 플레이어가 목표를 달성하게 되는지 생각해보아야 한다. 그리고 다음과 같은 질문을 해보아야 한다. 일부 게임요소가 다른 게임요소보

동기부여 요소에 따른 게임화 툴 예시

- ▶ 호기심과 도전 → 퀘스트, 자율선택권, 경쟁
- ▶ 안정 → 포인트 축적, 지인 초대
- ▶ 사회관계적 욕구 → 길드, 채팅, 친구, 이웃 만들기
- ▶ 명예 → 레벨, 랭킹, 자선
- ▶ 자아실현 → 사회적 가치, 개인역량
- ▶ 재미 추구 → 빠른 피드백, 집단 경쟁/협력

다 더 효과적이라면 그 이유는 무엇인가?

 인간의 심리는 매우 복잡하며, 한 가지 요인에 의해서만 동기가 유발되는 경우란 거의 없다. 실패한 게임화에서 자주 볼 수 있는 실수 중 하나는 디자이너가 이 사실을 잊고 게임 설계 시 소속감이나 숙련 등 단 하나의 동기유발 요소에만 초점을 맞추는 것이다. 이런 일을 피하려면 이해관계자의 목표를 되돌아보고 이를 위한 동기유발 요인을 재평가해야 한다. 아마 이해관계자의 지위에 따라 유독 좋아하는 동기유발 요인이 있을 수도 있고, 여러 이해관계자가 공통적으로 동일한 동기유발 요인을 좋아할 수도 있을 것이다. 그러므로 이 단계에서는 잘못된 동기부여 요소를 표적으로 삼지 않았는지 그 툴을 확인할 필요가

있다. 예를 들어 플레이어가 자율성 욕구로 동기부여되지 않는데도 자율성 기반의 게임 메커니즘을 사용했을 수 있다. 또한 지나치게 많은 동기부여 요소를 한꺼번에 적용하고 있을 수도 있다. 게임 디자이너는 자신의 게임 설계 툴을 항상 비판적 관점에서 돌아보아야 한다.

동기부여 요소가 제대로 작동하는지를 최종적으로 확인해보려면 소규모 시범 플레이어들을 대상으로 테스트 게임을 해본 뒤 그들이 게임에 얼마나 몰입하는지를 살펴보면 된다. 플레이어가 게임을 어떻게 생각하는지를 알기 위해 그들의 플레이를 관찰하고 테스트 게임이 끝난 뒤에는 직접 대화를 나누며 피드백을 받아보는 것도 좋은 방법이다.

게임화의 마지막 단계는 '플랫폼 콘셉트 설정→프로토타입 개발(콘셉트, 스토리보드, 형상화)→최신 기술 연계 검토' 순서로 진행된다. 이 단계는 매우 기술적이고 전문적인 영역이므로 게임화 경험이 많지 않은 조직이라면 직접 진행하기보다는 외부의 게임화 컨설팅 기업을 활용하거나 실행 가능한 게임화 솔루션 또는 툴을 구입하는 편이 나을 수 있다.

하나의 게임에 포함된 게임요소가 많다고 무조건 좋은 것은 아니다. 집중과 몰입을 위해서라면 오히려 적은 편이 좋을 수 있다. 게임화에 투입되는 게임요소는 모두 마땅한 이유가 있어야 하고 어떤 식으로든 플레이어의 경험을 향상시키는 것이어야 하므로 그 점을 꼼꼼히 따져보아야 한다. '재미있다더라', '싸고 간단하게 할 수 있다', '경쟁사가 하고 있다' 같은 피상적인 이유로 게임화 설계를 섣불리 시도해서는 안 된다. 어떤 결정이든 결정을 내릴 때는 필수불가결한 이유가 있어야 하고, 따라서 각 단계마다 '왜?'라는 질문을 다시 던져보아야 한다.

4부

성공적인 게임화를 위한 여덟 가지 팁

이제 게임화 도입을 위한 준비는 마쳤다. 4부에서는 게임화 도입 과정에서 겪을 수 있는 시행착오를 최소화하기 위한 '아이디어'를 제시한다. 비즈니스의 게임화 움직임이 아직은 초기 수준에 있기에 이 단계에서는 조급하게 성공을 노리기보다는 실패를 최소화하며 조금씩 앞으로 나아가려는 자세가 중요하다.

첫 번째,
'게임'과 '게임화'의 동기부여는 다르다

　게임은 단 한 가지 임무만을 갖고 있다. 게임 플레이어, 곧 참여자를 즐겁게 하는 것이다. 이를 성취하기 위해 정교한 스토리 라인과 그래픽, 애니메이션을 사용해 게임 참여자에게 실제와 같은 경험을 선사한다. 게임의 목적은 참여자가 게임세계와 현재 실행 중인 역할에 완전히 몰입하게 하는 것이다.

　반면에 '게임화'는 재미만을 목적으로 하지 않는다. 그럼에도 게임화라는 단어가 주는 인상 때문에 많은 사람이 게임화란 포인트와 배지 등 게임요소를 활용해 특정 행위에 재미를 부여하는 것이라고 섣불리 판단한다. 이런 까닭에 게임화 초창기에는 관련 전문가들이 낙관적 전망을 갖는 경우가 많았다. 즉, '배지, 포인트 등 적당한 리워드만 부여하면 게임 참여도가 높아질 거야.'라든지 '자유로운 의사표현이 가능한 토론방을 개설하면 사원들이 자발적으로 대화를 시작하겠지.' 하고 가볍게 생각한 것이다.

　그러나 게임과 게임화는 분명 다른 것이고 게임 참여자 또한 그 사실을 잘 알고 있음을 인정해야 한다. 다시 말해, 게임과 게임화는 서로 다른 차원에서 참여를 유도하며, 서로 다른 목적과 가치교환 형태를 가진다. 하지만 게임도 게임화도 포인트, 등급, 순위와 같은 동일한 게임요소를 갖추고 있기 때문에, 이들을 혼동하는 경향이 나타나는 것이고, 이와 관련한 논란은 여전히 존재한다.

한때 게임 개발자들은 게임화에 거부감을 갖는 경우가 많았는데 게임화라는 용어가 게임 개발을 매우 단순한 일로 오해하게끔 만들기 때문이다. 이는 충분히 이해할 만한 상황이기도 하다. 게임이 그래픽, 음악, 스토리텔링 등 창의적 요소를 갖추고 있다는 이유로 예술적 장르에 가깝다고 주장하는 사람들도 있다. 그런 반면 게임화는 동기부여라는 경제학적·심리학적 배경을 지닌 과학적 장르에 좀 더 가깝다고 본다.

어쨌거나 앞서도 강조했듯 게임화는 게임과 달리 재미라는 목적 외에도 게임을 도입한 취지와 관련된 또 다른 목적이 존재한다. 중요한 것은 이 두 목적이 어떤 종류의 합의 또는 균형에 도달하는 일이다. 만일 한쪽이 다른 한쪽을 압도한다면 게임화는 실패의 길을 걷게 될 것이다.

그러나 미리 염려할 필요는 없다. 게임화에 참여하는 직원과 고객들은 이미 이 점을 알고 시작하기 때문이다. 따라서 어떻게 보면 게임화란 모종의 우회적 거래인 셈이다. 문제는 그들의 기대에 적절히 맞추는 선에서 두 가지 목적에 따른 동기부여가 잘 이뤄지는 일이다. 이 과정은 현장 인터뷰, 전문가의 조언에 의해 가능할 수 있으며, 또한 투자를 조금씩 늘려가는 과정에서 사소한 시행착오를 겪어가며 최적화 상태에 접근하는 방법을 쓸 수도 있을 것이다. 시행착오를 겪는 일을 낭비라 생각해서는 안 된다. 때로는 의도적으로 사소한 시행착오를 겪으며 본래의 목적을 확인하고 관철해야 하는 것도 경영의 일부이다.

두 번째,
억지로 하는 게임은 게임이 아니다

비즈니스의 게임화에서 필요한 동기부여는 조직의 속성인 명령, 지시, 규정 등의 의무적 질서를 스스로 참여하는 방식 곧 자발적 질서로 전환하는 데 그 본질이 있다. 대니얼 그리핀 등은 비즈니스 게임화의 실패 요인 중 하나로 게임요소를 억지스럽게 삽입해놓고는 그 게임 참여가 자발적인 것인 양 꾸미려 하는 경우를 든다.

> 시스템을 만든 사람은 직원들의 참여도가 높아졌다며 자랑하려고 할 테지만 이것은 일종의 허위 양성 반응이다. […] 사실을 말하자면 이런 유형의 시스템과 상호작용해야만 하는 사람들은 이렇게 만든 시스템에 두려움마저 느낀다. 의무적 요소가 없는 시스템에서는 이런 것이 문제가 되지 않지만 그럴듯한 '가짜 재미'를 부가한 시스템이라면 고객이나 플레이어가 외면할 것이다.[1]

---

1 대니얼 그리핀·앨버트 판데르 메이르 (2022). 《자, 게임을 시작합니다》. 장용원 역. 흐름출판.

기업이라는 위계적 조직의 특성상 게임을 업무의 연장이나 인센티브 수단 등으로 활용하여 게임을 강제 또는 반강제로 실시하는 경우가 있을 수 있다. 그러나 관리자들이 명심해야 할 것은 '플레이어가 억지로 게임을 해야 한다면 그것은 게임이 아니'라는 사실이다.

예를 들어 디즈니호텔의 세탁 업무의 게임화는 직원들 사이에 과열을 불러 언론의 비난을 받는 등 역효과를 낸 반면, 아마존은 물류센터에서 이뤄지는 작업을 게임화하는 과정에서 직원의 자발성을 존중함으로써 어떠한 비난도 듣지 않고 성과를 제고할 수 있었다.

아프리카의 플레이펌프 도입이 실패에 이르게 된 것도 놀이 자체가 힘들었던 탓도 있지만 놀이가 '물을 퍼올려야 한다.'라는 압박과 직접적으로 결부됨으로써 놀이가 본래 가져야 하는 유희적 성격이 상실되었기 때문이다. 이 경우 인간의 자발적 에너지는 전혀 발휘되지 않게 된다.

'하던 짓도 멍석 펴놓으면 안 한다.'라는 속담이 있다. 주최 측의 강요나 권고가 눈에 띌수록 게임화의 효과는 사라지기 마련이다. 사실 이는 게임의 도입 취지와도 전혀 맞지 않는다. 이런 상태에서는 게임 특유의 수평적 상호작용도 사라지게 되고, 당연히 직원들로부터 창의성을 기대하기도 어렵다. 오히려 게임화 도입 시도가 역효과를 불러 조직 내부에 '불신'이라는 후유증을 남길지도 모른다.

게임화의 동기부여는 외부에서(extrinsic) 오는 것이 아니라 내재적인(intrinsic) 것이며 그 기반은 참여 주체의 자발성에 있음을 간과하면 안 된다. 경영자는 조직에서 실행되고 있는 게임이 어느새 강요나 외부

인센티브에 의해 주도되고 있지는 않은지 정기적으로 체크하며 보완 방안을 강구할 필요가 있다.

세 번째,
이익 증대에 지나치게 집착해서는 안 된다

게임화를 단기 이익을 끌어올리는 수단으로만 인식하는 것도 바람직하지 않다. 어떤 경우든 게임화는 플레이어의 흥미 제고를 1차 목표로 삼아야 한다. 이것은 게임화가 원칙적으로 플레이어를 우선시하는 일종의 이타주의(利他主義)에 기반해야 함을 뜻한다. 기업이 게임화를 한다면서 비즈니스 우선주의를 노골적으로 펼친다면 신뢰를 상실할 수 있으며, 종국에는 플레이어가 회사의 브랜드를 거부하는 결과로까지 이어지게 된다. 연령, 성별, 문화를 불문하고 사람들은 누구나 지나친 '이익 추구'에는 반감을 갖기 마련이다.

게임화를 도입하면서 플레이어의 재미보다 단기 이익에 지나치게 매몰된 탓에 실패에 이르게 된 사례는 한둘이 아니다. 한때 구글도 이 점을 간과하여 실패 사례를 남겼다. 구글은 자사 뉴스의 독자 수를 늘리기 위해 기사를 읽은 독자들에게 배지를 수여하는 방식으로 게임화를 도입했다. 문제는 배지를 너무 남발했다는 것이다. 구글은 특정 기사를 읽는 독자들에게 배지를 거의 뿌리다시피 했다. 그 결과 독자들은 구글 배지를 얻는 데서 별다른 보람이나 의미를 찾을 수 없었고, 당연히 몇 개월 안 가 구글은 뉴스 배지 시스템을 폐지해야 했다. 이러한 게임화는 독자 수를 거의 늘려주지 못했으며 회사 이미지만 손상되는 결과를 낳았다.

구글이 실패한 이유는 게임화를 잘못 이해했기 때문이다. 배지나 포인트 같은 게임 아이템만 사용자에게 제공해주면 곧바로 비즈니스의 게임화를 달성할 수 있다고 너무 쉽게 생각했던 것이다. 구글이 이러한 실수를 저지른 것은 게임화를 플레이어를 위한 매력적인 경험의 창출이 아닌 기업 이익을 위한 수단이라는 생각에 매몰되어 있었기 때문이다.

나는 앞서 게임은 어떤 스토리이며 기업과 고객, 기업과 직원이 만나는 우회적 접근 방식이라 말한 바 있다. 그러려면 기업이 자신의 '게임화 도입 의도'를 가급적 숨기는 편이 좋다. 일찍이 워바흐는 "포인트에 지나치게 집중하여 게임화를 값싼 마케팅 트릭으로 여기는 기업들이 있다."라며 개탄한 바 있다. 그러면서 그는 "많은 기업이 포인트(points)만 주고 재미는 몰수(confiscation)하는 '포인트서피케이션(pointsification)'에 빠져 있다."라고 안타까워했다. 또한 워바흐는 기존의 게임화 사례 중 상당수가 게임으로 포장된 '충성도 프로그램'에 불과함을 지적했다. 아무리 포인트, 배지, 리더 보드 등 게임요소를 도입하더라도 매력적인 경험을 선사하지 못하면 아무런 소용이 없다는 뜻이다.

일찍이 브라이언 버크는 게임화를 정의하며 "자신의 목표를 달성할 수 있도록 디지털 방식으로 사람들을 참여시키고 동기를 유발하기 위해 게임 메카닉스와 경험 디자인을 이용하는 것"이라 했다. 여기서 주목해야 할 점은 게임화가 '자신의 목표를 달성'하는 일이라고 했다는 것이다. 여기서 '자신'이란 기업이 아니라 플레이어를 가리킨다. 기업 조직에 도입된 게임화가 종종 실패에 이르는 이유는 플레이어가 아니라 기업의 목표에만 초점을 맞추었기 때문이다. 게임화에 있어 기업의 역할은 기업 자신이 아니라 플레이어가 자신의 목표를 달성할 수 있도록 도와주는 일임을 잊지 말아야 한다.

네 번째, 창조적인 리더가 게임을 이끈다

게임화에서 경영자의 역할은 무엇이 되어야 하는가? 그저 게임화 도입과 관련하여 의사결정을 내리고 게임화 진행을 관리하면서 수익이 나기만 기다리면 되는 것인가? 그럴 수도 있겠지만 게임화 과정에서 경영자가 게임이라는 현장과 멀어지는 것은 바람직하지 않다. 게임화의 도입을 결정한 이상 경영자는 새로운 비즈니스의 현장이 될 게임을 제대로 이해하지 않으면 안 된다. 유카이 초가 말했듯 이제 CEO도 게임을 알아야 한다. 게임에 무지한 리더가 게임화를 올바르게 실행할 수는 없는 노릇이다.

경영자는 게임화의 성공을 위해 그 나름의 새로운 리더십으로 무장해야 한다. 게임이 주는 흥미의 포인트를 알아야 하고 플레이어의 마음도 읽을 수 있어야 한다. 그러려면 먼저 자신이 게임의 매력에 빠져보아야 하며 게임세계의 리더십에 대해서도 어느 정도 이해하는 것이 필요하다.

무엇보다 온라인과 관련된 감각을 익히는 것이 필수적이다. 게임화는 3차원 가상세계에서 수십 수백 명이 협력하고 경쟁하는 커뮤니티에서 이루어진다. 이 가상세계는 참여자들이 서로 멀리 떨어져 있음에도 마치 바로 옆에 있는 것과 같은 세상이다. 그렇다면 여기에 참여하는 CEO는 참여자들이 게임의 박진감과 속도감을 즐기는 데 걸림돌이 되어선 안 된다. 현실세계에서는 며칠, 몇 주가 걸리는 활동도 게임에서는 몇 시간, 몇 분으로 압축되어 실행되는 경우가 많다. 이 감각은 언어로는 온전히 전달되지 않으며 그저 몸으로 익혀야 하는 것이다.

경영자는 게임화 환경 속에서는 모든 활동이 자발적으로 조직되고 협력을 통해 이루어지며, 위계질서도 현실세계처럼 강하지 않다는 점을 잘 이해하고 있어야 한다. 게임의 리더는 장을 펼치는 사람이지 지시하거나 명령을 내리는 사람이 아니다. 그래서 경영자는 때로 억울한 생각마저 들 수 있다.

아마도 처음에는 게임의 장을 준비한 경영자나 주최 측이 일정한 우위를 점할 수도 있다. 하지만 젊은 플레이어들의 실력에 추월당하는 것은 시간문제일 뿐이다. 게임의 순발력과 창의성은 더 어릴수록 또 더 젊을수록 유리하기 때문에 나이 든 경영자들은 승급이나 보상에서 아무래도 밀리게 될 것이다. 그럴 때는 더 잘하는 젊은이들에게 도움을 요청하는 손길을 내미는 일을 주저하지 말아야 한다. 때로 아이템을 나눠달라고 요청도 하고 부탁도 해야 할 경우가 생기기도 하는데, 이러한 일을 거치며 오히려 구성원들은 조직에 도입된 게임화의 진정성을 신뢰하게 되고 그래서 더 열정적으로 참여하게 될 것이다.

사실 게임은 경영자와 MZ세대가 소통할 수 있는 좋은 기회이다. 같이 놀아봐야 사람의 진심을 알 수 있다는 이야기도 있지 않던가. 게임은 플레이어의 잠재력과 팀워크, 네트워크를 이해하는 데 최상의 장이 될 수 있다. 그러므로 게임화에 임하는 경영자라면 그 게임의 장에서 주된 플레이어가 될 MZ세대를 이해하고자 노력해야 한다. MZ세대는 바로 눈앞에 있는 사람과도 직접 말하기보다 문자 메신저를 통해 대화하는 이들이다. 대면 대화보다 온라인 대화를 더 편하게 느끼는 것이다. 그렇다면 게임은 그들과 솔직하게 소통할 완전히 새로운 차원의 통로라고도 할 수 있겠다.

  게임에 임하면 오프라인 서열은 접어두고 게임 내에서 맡은 역할에 집중해야 한다. 현재 이루어지는 대부분의 게임에서는 상대편은 물론 같은 편의 나이도, 직업도 모르는 채 플레이가 이루어지곤 한다. 이런 세계에서 오프라인에서의 나이와 서열을 주장한다면 게임화는 시작 단계부터 그 취지가 무색해지고 말 것이다. 게임세계에서 보장되는 공정성은 새로운 혁신과 기회의 장이다. 그렇기에 플레이어들이 더 깊이 몰입하며 창의성을 발휘하는 것이다.

  경영자는 게임 내에서 일정한 역할을 수행할 수도 있고 백의종군을 할 수도 있다. 중요한 것은 게임이 원래 취지대로 진행되도록 관심을 갖고 지켜보는 일이다. 게임이라는 세계에서 경영자의 역할은 직원을 길들이거나 교육하는 데 있지 않다. 게임세계의 리더십은 스스로 스타 플레이어가 되거나 게임 내 셀럽(celebrity)이 되는 것이 아니다. 그보다는 다른 플레이어가 최상의 능력을 발휘할 수 있도록 뒷받침하는 역할에 머물러야 한다.

다섯 번째, 게임 리더십의 빈번한 교체를 수용해야 한다

 현실세계에서 빈번한 리더십 교체는 그다지 바람직한 것으로 여겨지지 않을 것이다. 많은 경우 권력의 공백은 무질서와 혼란을 불러들이기 때문이다. CEO 교체 시 이사회와 주주총회의 승인이라는 절차를 거치도록 한 것도 그 때문이다. 그러나 직위의 무게감이 상대적으로 가벼워지는 게임세계에서는 이야기가 다르다.

 온라인 게임에서 나타나는 리더십의 중요한 특징은 게임의 속도감과 마찬가지로 리더들이 자연스럽고 신속하게 역할을 바꾼다는 점이다. 1분 동안 다른 사람에게 지시하던 리더가 그다음 1분 동안은 다른 이로부터 명령을 받을 수도 있다. 게임 속 리더십은 그저 역할일 뿐 고정된 정체성이 아니다. 비즈니스를 게임화할 때 경영진은 이 점을 명심해야 한다. 더욱이 이렇게 역할을 자주 바꾸면 리더들이 쉽게 지치거나 타성에 빠지지 않는다는 장점이 있다.

 리더십이 자주 바뀌면 플레이어들은 저마다 리더로서 경험을 쌓아보게 되고 이를 통해 리더의 의중을 더 잘 파악하거나 명령을 따르는 데도 뛰어난 능력을 발휘할 수 있다. 그리고 자신도 미처 몰랐던 잠재적 리더십 역량을 발견하는 경우도 왕왕 발생한다. GE의 전 CEO 잭 웰치(Jack Welch)는 '전 직원을 리더로 육성하겠다.'라는 목표를 갖고 있었다.[2] 누구나 리더가 되어볼 수 있는 게임의 장이야말로 잭 웰치식 인재육성 전략에 매우 적합하다고 할 수 있다.

어찌 보면 게임 리더십은 오늘날처럼 복잡화된 기업 환경에 매우 어울리는 리더십 수행 방식이 아닐까 생각된다. 상황이 복잡할수록 한 사람의 리더가 모든 분야에서 리더십을 발휘하기란 너무도 어려운 일이기 때문이다. 그보다는 여러 사람이 전문성을 갖추고 해당 분야에서 선별적으로 리더십을 발휘할 때 효과적인 역량 발휘가 가능해질 것이다.

게임의 세계에는 변수가 많으며, 그만큼 변화가 신속하다. 그렇기 때문에 이 공간은 경영자가 조직을 이해하는 훌륭한 장이 될 수도 있다. 게임 속에서는 사소한 변수만으로도 게임의 방향이 달라지고 누구도 의도하지 않았는데 애초 취지와 다른 방향으로 나아가는 경우가 비일비재하다. 그뿐 아니라, 다양한 능력과 복잡한 상황으로 인해 게임 세계에서는 격렬한 논쟁도 자주 벌어진다. 게다가 이런 일은 매우 미묘한 상황에서 발생하므로 관리자와 경영자가 그 일원으로서 현장에 있지 않는 한 제대로 파악하기 어려운 경우가 많다. 게임은 이론이 아니다. 그것은 실천이며, 어떤 면에서는 오프라인보다도 더 현장 중심으로 돌아간다.

---

2 그는 GE의 직원교육기관인 크로톤빌 연수원을 리더십 육성 센터로 변모시켰다.

모험을 본질적 속성으로 하는 게임세계의 리더십에서 또 한 가지 중요한 것은 실패에 관대해야 한다는 사실이다. 경영진은 비즈니스의 게임화에서도 실패를 용인하는 문화를 적극 조성해야 한다. 매우 단순하고 당연한 말이지만 현실 속에서 이를 실현하기란 얼마나 어려운가! 그러나 게임은 이 중요한 명제를 실현시킬 적절한 장소가 되어줄 수 있다. 게임의 본질은 모험이며 다양한 실패를 겪으며 앞으로 나아가기 마련이기 때문이다. 실패에 너무 조급한 태도를 취하면 게임의 리더십 또한 실패에 이르고 만다.

여섯 번째,
비즈니스와 게임이 만나는 '스위트 스폿'을 찾아야 한다

　게임화는 조직의 구조, 문화, 업의 특성에 부합하는 방식으로 이루어져야 한다. 물론 일반적 기준으로 볼 때 일단 게임은 재미가 있어야 한다. 게임업계에서는 중독성이 있어야 바람직한 게임으로 인정하는 풍조마저 있을 정도이다. 하지만 비즈니스에 게임을 도입할 때는 자사의 고유한 문화와 업무 특성에 적합한 게임을 선택하는 일이 그 못지않게 중요하다. 한마디로 재미의 요소와 비즈니스의 목표를 모두 담아낸 게임이 아니면 안 된다는 것이다.

　무엇보다도, 올바른 게임화를 위해 담당자는 게임 디자인과 비즈니스 테크닉 양자를 모두 잘 이해하고 있어야 한다. 먼저 게임과 비즈니스 목표가 일치되어야 하며 다음으로 그것이 개인의 지향점과 일치되어야 한다. 게임화 전문가이자 가트너 연구소의 부사장인 브라이언 버크는 "훌륭한 게임은 개인 목표와 조직 목표 사이의 '스위트 스폿(sweet spot)'을 찾아낸다."라고 강조한 바 있다.[3]

　기업은 게임화 도입을 자신의 현재 위치를 전반적으로 돌아보는 계기로 삼아야 한다. 기업의 성장 연혁과 경영이념, 조직 문화 및 구조,

업계의 경쟁 판도, 고객의 성격, 직원 구성, 장점과 약점 등이 모두 재점검될 필요가 있다. 기업이 도입하게 될 게임화에는 좋든 싫든, 원하든 원치 않든 해당 기업에 대한 일정한 상징성이 담긴다. 직원이나 고객은 게임화가 비록 부분적 영역에 국한될지라도 그것을 통해 기업 이미지를 가늠할 것이다. 그러므로 설령 도입하려는 게임화의 목표가 크지 않고 비용이 많이 들지 않는다 하더라도 그 접점에 있게 될 이해관계자들의 관점을 고루 생각하지 않으면 안 된다.

게임 자체는 목표가 매우 다양할 수 있다. 다른 플레이어를 능가하는 것인지, 자신의 기록을 깨는 것인지, 지속성 게임으로 할 것인지, 일회성 게임으로 할 것인지 등이며 이 목표들은 게임화를 위해 우선적으로 결정되어야 할 문제들이다. 앞서 보았듯 단순반복형 업무에 대해서는 단순한 측정과 피드백이 효과적이지만, 전문적이고 창의적인 업무에는 좀 더 복잡한 미션과 피드백이 효과적일 것이다.

이러한 맥락에서 게임 전문가들은 구체적 게임을 도입하기에 앞서 다음의 가장 기본적인 질문에 답할 수 있어야 한다고 조언한다.

1. 동기부여: 가치를 도출할 수 있는가?
2. 선택 유도: 충분히 흥미로운가?
3. 구조화: 모형화할 수 있는가? 즉 행동의 기록 및 축적이 가능한가?

---

3 Burke, B. (2014). *Gamify: How Gamification Motivates People to Do Extraordinary Things*. Routledge

4. 충돌 잠재성: 기존의 동기부여 방식과 충돌하지는 않는가?

한편 게임화의 도입은 게임 자체의 성격만으로 판단할 일이 아니다. 기존에 축적된 비즈니스 이론을 충분히 검토하고 그것과의 관계에서 균형감을 찾아나가는 일이 매우 중요하다. 예를 들어 현재 비즈니스에서 통용되는 직원교육 및 훈련 이론은 지난 100여 년간의 경영·경영학의 연구 성과가 축적된 것이다. 당연히 게임화 도입 시 이러한 이론적 성과를 도외시할 이유가 없다. 비즈니스의 게임화와 관련된 연구가 시작된 지는 고작 10여 년에 불과하기 때문이다. 인간의 본성이 크게 변화하지 않는 한 기존의 연구 성과 또한 그것대로 충분한 가치를 지닌다는 점을 염두에 두어야 한다.

한 예로 인간의 동기부여와 관련해서는 기존 연구가 차고 넘칠 정도로 축적되어 있다. 비즈니스 게임화는 바로 이러한 이론과 현장 경험을 충분히 참조하며 진행되어야 한다. 가령 기존의 학습이론에 따르면 직원 훈련 과정에서 경쟁 지향성이 너무 강력하면 오히려 학습에 방해가 된다고 한다.[4] 이 점은 게임화 적용 시에도 마찬가지로 고려되어야 한다. 즉, 게임이라고 해서 무한경쟁을 도입하는 것이 언제나 바람직하지는 않을 수 있는 것이다. 게임에 경쟁 요소를 도입하려는 담당자는 이 점을 숙지할 필요가 있다.

---

[4] Hanus, M. D., & Fox, J. (2015). Assessing the Effects of Gamification in the Classroom: A Longitudinal Study on Intrinsic Motivation, Social Comparison, Satisfaction, Effort, and Academic Performance. *Computers & Education*. Vol. 80, pp. 152-161.

이처럼 게임화와 함께 기존에 연구된 조직 특성 및 이론이 충분히 검토되어 접점을 마련할 때 게임화 자체의 생산성이 높아짐은 물론 조직도 새로운 관점으로 스스로를 돌아보는 좋은 기회를 갖게 된다.

일곱 번째,
예상치 못한 윤리적 난관에
직면할 수 있다

게임화의 각 단계에서는 미처 생각지 못한 윤리적 이슈로 인해 어려움을 겪을 수 있다. 사실 윤리 문제는 게임뿐 아니라 AI, 빅데이터 등의 분야에서도 피해 가기 어려운 까다로운 이슈이다. 비즈니스의 게임화와 관련해 제기되는 가장 흔한 윤리적 이슈는 게임화가 직원의 근로 환경을 더 가혹한 상황으로 바꿀 수 있다는 것이다.

일례로, 2011년 디즈니호텔은 세탁팀의 업무 효율을 높이고자 게임화를 실시했는데, 업무가 게임이 되자 직원들이 경쟁에서 이기려고 업무에 지나치게 몰입하는 지경에 이르게 되었다. 직원들 간에 적대감이 생겨났고, 과도한 노동으로 건강에 지장을 주는 경우도 나타났다. 이러한 상황이 외부에 알려지자, 《LA타임스》는 디즈니호텔이 직원들을 혹사한다는 비난 기사를 게재했다. 신문은 세탁 게임의 결과를 알려주는 리더 보드를 '전자채찍(electronic whip)'이라 명명하기도 했다.[5]

이 외에도 게임에 대한 지나친 몰입은 목적과 수단을 혼동하는 역효

---

5 Lopez, S. (2011. 10. 19). Disneyland Workers Answer to 'Electronic Whip'. *Los Angeles Times*.

과를 내서 게임 중독을 초래하거나, 게임의 인센티브를 노린 각종 편법과 불법이 성행할 수도 있다. 게임화가 목표로 하는 실질적 비즈니스 성과보다 게임머니나 포인트 등의 획득에만 몰두하는 경향이 그것이다. 특히 게임 속에서 제공되는 보상이 현실적 가치와 연계되거나 교환되는 경우 문제는 더 심각해진다. 어학 학습 게임으로 유명한 듀오링고의 경우 게임 내 점수 획득에 활용되는 불법 소프트웨어 출현으로 골머리를 썩이고 있다. 게임이 어학 실력 높이기 경쟁이 아니라 게임 자체의 점수 따기, 보상 확보하기 경쟁으로 변질된 탓이다.

게임의 윤리적 문제로부터는 경영진이나 관리직도 자유로울 수 없다. 그들은 종종 게임화 도입을 만능열쇠로 여기고 자신들에게 주어진 의무를 회피하는 경향을 보이곤 한다. 게임화가 수행하는 마이크로 관리를 과도하게 신뢰한 결과인데, 그것을 일종의 모럴 해저드(moral hazard, 도덕적 해이)라 부를 수 있을 것이다. 그들은 게임화는 단지 비즈니스를 위한 보조 수단일 뿐이며 그것으로 업무의 본질이 바뀌는 건 아니라는 점을 간과하고 있는 것이다.

한편 게임이 조직 내에 정착되면 또 다른 문제가 출현할 수 있다. 즉 게임과 현실의 혼동 또는 게임과 현실이 상충하는 문제가 종종 발생하는데 다음은 그 대표적 유형들이다.

게임과 현실의 상충 문제들

▶ 게임과 현실의 유사성이 높아질수록 발생하는 윤리적 혼선
- 게임세계에서는 합법적인 것이 현실세계에서는 문제가 될 가능성이 있다. 예를 들어 게임에서 상대방을 속이는 기술 또는 기만 행위가 승리를 쟁취하는 데 유리하게 작용할 때 플레이어들은 혼란에 빠질 수 있다.

▶ 게임세계의 리더 보드가 현실세계에서의 생산성, 성과 랭킹과 상관성을 띨 경우
- 성과 정보 등 개인이 공개하고 싶지 않은 정보가 조직 내에 공개되는 문제가 발생한다.

▶ 팀 또는 집단 게임의 경우 게임화를 통해 생겨난 현실적 이득의 배분 문제
- 현실세계와 마찬가지로 배분을 둘러싼 갈등이 발생할 소지가 있으며 팀 간, 개인 간 이득 편중의 문제가 발생할 수 있다.

▶ 게임 실력이나 성과 차이에 수반하는 또 다른 격차나 차별의 문제 발생
- 현실적 편중 상황을 더 격심하게 만들 수 있다. 현실의 패배자가 게임에서 또다시 패배자가 되는 일이 발생할 수 있어서다.

그러므로 게임화 담당자는 게임화의 본격 도입 이전에 게임이 윤리적 프레임(ethic frame)과 설득력(accountability)을 갖추었는지를 먼저 점검할 필요가 있다. 게임화에는 크게 도구적 측면과 윤리적 측면이 존재하는데, 게임화 담당자는 이 두 측면의 밸런스를 고려해야 한다.[6] 성과를 올리기 위해 도입한 게임화가 윤리적 비난을 받기라도 한다면 회사는 얻는 것보다 잃는 것이 많을 수 있다.

또한 대부분의 게임 참여자들은 SNS를 능숙하게 다루는 사람들이라는 점을 간과해서는 안 된다. 참여자들이 어떤 이유에서건 게임의 실행에 저항하기로 마음먹는다면 그들은 그 통로로서 SNS를 최대한 활용할 것이다.[7]

게임화의 윤리적 측면은 한 번의 점검으로 관리 과정이 종결되는 것이 아니다. 담당자는 게임화 진행 단계마다 윤리적 프레임의 적절성을 지속적으로 점검해야 한다. 윤리적 문제는 시대와 환경의 변화에 따라 다른 모습으로 나타날 수 있기 때문이다. 즉 특정 시기에는 문제가 되지 않았던 관행이 다른 시대에는 문제로 대두되는 경우가 빈번하다.

---

6 Faber, T. (2021. 9. 14). How Everyday Life Became One Big Game. *Financial Times*.
7 오늘날 기업의 위기 대응에서 SNS는 가장 중요한 관리 대상 중 하나로 꼽히곤 한다.

여덟 번째,
게임화는 끊임없는 전진의 드라마다

비즈니스의 게임화와 관련하여 명심할 마지막 사항은 게임화의 한계 및 단점에도 주목하라는 것이다. 앞에서도 몇 차례 언급했지만 게임화는 일회적 성취 과제가 아니다. 게임이 지닌 한계를 발견하고 이를 개선하는 노력이 매번 이뤄져야만 게임화 유지가 가능하다. 《거울 나라의 앨리스》에 나오는 붉은 여왕은 앨리스에게 '계속 달려야만 제자리를 유지할 수 있을 것'이라 말하는데, 게임화도 마찬가지다. 정체되면 제자리에 있는 것이 아니라 퇴보하는 것이다. 게임 참여자들은 대개 진취적 성향을 띠는 경우가 많다. 그들은 항상 앞으로 나아가기를 원하고, 새로운 것을 원하고, 변화하기를 원한다.

게임 디자이너로서 명성을 쌓은 시드 마이어(Sid Meier)는 "좋은 게임은 흥미로운 선택의 연속"이라 말했다. 게임이 지속 가능한 것이 되려면 일시적 성공에 만족하지 말고 그것을 지속적으로 개선되어야 할 과제로 인식해야 한다는 의미이다. 또한 게이브 지커만도 "아무리 좋은 게임이라도 시간이 지나면 지루해지기 마련이므로 결국 게이미피케이션 해결책은 언제나 진화해야 한다."라고 강조했다.

무엇보다도, 플레이어의 게임 여정 및 게임 루프에 대한 지속적 관심이 중요하다. 지속적 관찰을 통해 '그들은 왜 게임에 참여하는가?'라는 근본 문제를 자문해보아야 한다. 게임화에서 플레이어의 마음을 읽는 것은 게임화의 성패를 좌우하는 매우 중요한 일이다.

미국 국세청(Internal Revenue Service)은 직원들의 세무 교육을 위해 'IRS 트레이닝 시뮬레이션(IRS Training Simulation)' 게임을 도입했다. 그런데 게임에 참여하게 된 플레이어들로부터 게임 내의 과제가 현실적이지 않다는 비판이 쏟아졌다. 게임의 초점이 납세자나 납세 현장이 아니라 국세청의 행정 편의에 맞춰져 있었기 때문이다. 즉 일반 직원들이 중요하게 생각하고 있던 부분을 게임화한 것이 아니라 국세청 관리자 입장에서 진행된 게임화였기 때문에 대다수 직원은 '안 그래도 바쁜데 이런 것까지 해야 하나?' 하는 반감을 가질 수밖에 없었다고 한다.

한편 게임화 담당 부서는 게임 몰입도를 증가시키는 AR, VR, MR 등의 기술 발전 양상에도 꾸준히 관심을 가져야 한다. 그리고 성취된 기술의 발전적 면모를 최대한 활용하여 게임이 참신성을 잃지 않도록 해야 한다. 게임 플레이어는 대개 기술적으로 얼리어답터(early-adopter)인 경우가 많으므로 이는 매우 중요한 고려사항이다.

또 한편으로는, 게임의 재미를 플레이어의 내재적 동기부여와 연결시킬 방안을 지속적으로 모색해야 한다. 그러려면 게임의 핵심 요소인 동기부여 요인과 리워드에 세심하게 주의를 기울이지 않으면 안 된다. 예를 들어 고전적 형태의 비즈니스의 게임화라 할 '항공사 마일리지'

> **게임화 관점에서 본 항공사 마일리지 제도의 단점**
>
> ▶ 단순히 게임의 성과를 외재적 보상으로 연결하는 데 그침
>   - 게임처럼 재미를 느끼는가? --〉 NO
>   - 프로세스에 사교·관계적 측면이 있는가? --〉 NO
>   - 경쟁적 또는 협력적 다이내믹스가 있는가? --〉 NO
>
> ▶ 명확한 보상이 주어지지 않는다면 즐길 수 없음
>   - 보상의 교환 비율이 불확실해 사용자의 짜증 유발
>   - 매년 엄청난 규모의 미사용 마일리지 발생

제도를 생각해보자. 이 인센티브 게임은 한때 높은 인기를 구가했으나 게임으로서 참신함과 동기부여 성격을 점차 상실하여 현재는 존폐의 기로에 놓여 있다.

  게임화에서 적절한 보상 수준을 계속해서 유지하는 것도 매우 중요한 점이다. 보상이 과하면 게임 유지에 드는 비용이 상승하는 것은 물론 '과몰입'이라는 부작용을 불러올 수 있다. 반면 기대에 훨씬 못 미치는 보상이 주어지면 플레이어가 자신의 역할 및 업무에 대해 갖는 자긍심이 손상을 입을 수 있다. 이렇게 되면 게임을 하지 않으니만 못한

결과를 초래할 것이다.

   결국 비즈니스의 게임화를 잘 이해하고 추진하는 데는 게임을 '종합적 플랫폼'의 시각에서 보는 것이 중요하다. 즉 다양한 기술·산업·기업·이용자가 상호작용하는 생태계로 이해해야 하는 것이다. 향후 SNS 이용자 증대, 비대면 및 원격 근무 확산, 전천후 학습 방식 전파 등의 환경 변화에 따라 비즈니스의 게임화 역시 더 넓은 분야로 확산될 것이다. 그러한 미래에 대비해 다양한 가치가 창출되는 플랫폼, 신기술의 테스트 베드 등으로 게임화가 잘 활용될 수 있도록 지원해야 한다.

부록

비즈니스 게임화 사례들

1. 카카오뱅크(한): 정기적금 게임화
2. 넥슨(한): 게임공간 활용 채용 설명회
3. 도미노피자(미): '피자 메이커 코스'
4. 덕키(노르웨이): 친환경 활동 게임
5. 델타항공(미): 'Ready, Set, Jet'
6. 듀오링고(미): 어학 학습 게임
7. 드레스트(영): 온라인 패션 스타일링 게임
8. 로레알(프): 뷰티 어드바이저 교육용 게임 앱 '마이뷰티클럽'
9. 루이비통(프): 게임 이벤트와 콜라보 진행
10. 리복(미): 도심 달리기 게임
11. 리사이클뱅크(미): 재활용 독려 게임
12. MS(미): 소프트웨어 오류 찾아내기 게임화
13. 미제레오르(독): 'The Social Swipe'
14. 벤치마크게임즈(헝가리): 지원자 역량 측정 게임
15. SAP(독): 고객 응대 시뮬레이션 게임 '로드워리어'
16. 아마존(미): 물류센터 업무 게임화 'FC 게임즈'
17. 아스트라제네카(영): 'Go-to-Jupiter'
18. 야나두(한): 야핏 사이클
19. 오늘의집(한): 구매 과정 게임화
20. 옴니케어(미): 고객 응대 서비스 게임화
21. 유니레버(영): 인공지능 기반 채용 게임화
22. UN 세계식량계획(WFP): 'Food Force'
23. AIA생명(홍콩): AIA 바이탈리티xT건강걷기
24. LG디스플레이(한): 메타버스 플랫폼 교육
25. 지멘스(독): 가상 공장 짓기 게임 '플랜트빌'
26. 타깃(미): 정산 업무 게임화
27. 포디자이어(대만): 'Fortune City'
28. 프리지(영): 웃음 참기 게임
29. 헨드릭오토모티브그룹(미): 딜러 교육 게임화

1. 카카오뱅크(한): 정기적금 게임화

① **개요:** 카카오그룹의 자회사로 2017년 인터넷 전문은행업 진출

② **게임화:** 정기적금을 게임화하여 최초 가입 금액만큼 26주 동안 적금을 납입 하면 카카오프렌즈 캐릭터가 '목표 달성 캘린더'의 빈칸을 채워주고 우대금리를 제공

③ **특이사항:** 반응이 신속한 MZ세대를 주고객으로 삼아 모바일 금융 앱 방문을 늘리고 금융거래를 발생시키는 등 자발적 참여를 유도

④ **성과 및 수익성:** 상품판매 캠페인 245일 만에 100만 고객을 돌파하는 등 신규 시장 진입 및 안착에 성공

✷ ✷ ✷

2. 넥슨(한): 게임공간 활용 채용 설명회

① **개요:** 온라인상의 게임공간을 활용해 채용 설명회 개최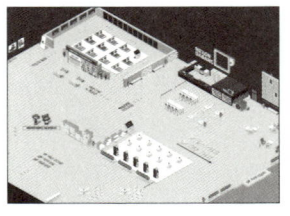

② **게임화:** 자사의 인기 온라인 게임 '바람의나라'의 맵 속에 채용 설명회 공간을 배치

③ **특이사항:** 구직자들은 자신의 아바타를 생성해 입장한 후 자유롭게 이동하며 주최 측 인사나 다른 참가자들과 자유롭게 소통

- 비대면 상담을 통해 업무 관련 정보 제공
- 경품 응모 이벤트, 넥슨에서 출시한 게임 무료체험 등

④ **성과 및 수익성:** MZ세대 구직자들의 열띤 반응, 기업이미지 제고

* * *

3. 도미노피자(미): '피자 메이커 코스'

① **개요:** 미국의 피자 배달 전문 브랜드로 전 세계 70개국에 진출

② **게임화:** '피자 메이커 코스'는 직원들이 빠른 시간에 피자 메뉴를 익히고 피자를 만들어낼 수 있도록 디자인된 게임

③ **특이사항:** 게임 내 등급, 스코어보드, 가상 시뮬레이션 기능 등으로 지역, 제품 모듈, 임직원별로 맞춤화된 마이크로 학습(micro-learning) 시행

④ **성과 및 수익성:** 신입 직원의 숙련도 향상으로 피자 완성 시간 단축, 적절한 토핑 사용으로 비용 감소, 고객불만 사례 감소 등을 달성

* * *

4. 덕키(노르웨이): 친환경 활동 게임

① **개요:** 덕키(Ducky)는 2014년 설립된 노르웨이 기업으로 기후변화와 환경위기 문제를 고민하는 사회적기업

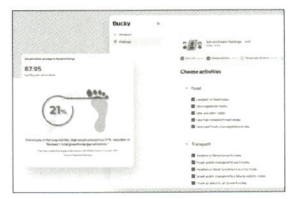

② **게임화:** 사람들이 친환경 활동을 재미있게 장기적으로 이어갈 수 있도록 경쟁 방식의 게임 도입
- 참여자는 환경 친화적인 행동을 실천하고, 팀별로 경쟁하면서 포인트를 얻고 덕키는 탄소발자국 계측기 등을 통해 환경적 성과를 측정하고 피드백을 제공
- 게임이 지속될수록 관련 지식과 노하우, 효율성이 증가

③ **특이사항:** 기업, 학교, 도시, 개인 단위로 참가 가능

④ **성과 및 수익성:** 알코아(Alcoa), 이케아(Ikea) 등 글로벌 기업뿐 아니라 학교나 도시 등 다양한 곳에서 프로그램 도입

＊＊＊

5. 델타항공(미): 'Ready, Set, Jet'

① **개요:** 미국 조지아주 애틀랜타에 본사를 둔 항공사로 운송량, 보유 항공기 수, 연간 매출액 기준으로 세계 최대 항공사

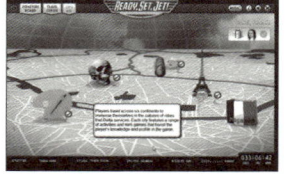

② **게임화:** 2012년부터 시작한 'Ready, Set, Jet'은 항로, 예약 시스템, 세계 지리 등을 배울 수 있는 직원교육용 게임

③ **특이사항:** 업무시간에 교육용 게임의 사용을 금지했음에도 적극적 참여로 놀라운 교육효과 발휘

④ **성과 및 수익성:** 도입 첫해, 직원들이 4년치 교육을 받은 것과 유사한 직무 숙련도를 1년 만에 획득

***

6. 듀오링고(미): 어학 학습 게임

① **개요:** 34개국 언어에 대한 학습 및 테스트 프로그램을 제공하며 3억 명 이상의 사용자 기반을 보유한 교육 업체

② **게임화:** 학습 프로그램이 퀴즈 형식으로 진행되며 성적에 따라 승급과 강등이 결정되고, 승급 시에는 포인트를 지급해 부가기능 구입 및 아바타 꾸미기에 사용할 수 있게 함

③ **특이사항:** 문제를 왜 틀렸는지 파악해 개인별 맞춤형 학습자료 제공으로 호평을 받고 있으나 말하기와 듣기 교육은 미흡하다는 평도 존재

④ **성과 및 수익성:** 2021년 2/4분기 기준 듀오링고의 유료 가입자는 190만 명(전년 동기 대비 +46%), 매출은 47% 증가한 5,880만 달러 기록

***

7. 드레스트(영): 온라인 패션 스타일링 게임

① **개요:** 패션 인터랙티브 플랫폼 제공 업체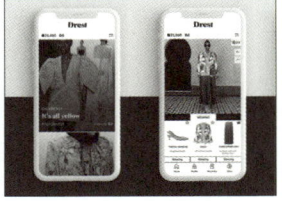
② **게임화:** 패션 스타일링 게임으로 매일 패션 아이템을 골라 매치하고 그 결과를 다른 플레이어가 평가하는 방식의 게임

진행

- 실제 유명 모델 10여 명을 게임 내 모델로 선정
- 다른 플레이어가 좋은 평가를 해줄수록 높은 점수를 획득해 앱 내에서 가상 의류 구매 가능 금액이 증가

③ **특이사항:** 게임 중 실제 의류 구매와 기부 등 다양한 활동이 가능하도록 지원

- 게임에서 기준점 이상 점수를 얻은 고객은 버버리, 발렌티노, 구찌 등 160여 개 브랜드 제품을 구매 가능
- 자선 플랫폼을 거쳐 기부도 가능

④ **성과 및 수익성:** 100개 이상 럭셔리 패션 브랜드와 파트너십을 맺고 실제 제품의 디지털화에 성공했으며, 가상세계에서 스타일링 욕구를 표출하면 실제 의류 구매가 줄어들 수도 있다는 목적의식 보유

* * *

8. 로레알(프): 뷰티 어드바이저 교육용 게임 앱 '마이뷰티클럽'

① **개요:** 프랑스의 종합 화장품 회사

② **게임화:** 그로스 엔지니어링(Growth Engineering) 사와 협력해 '마이뷰티클럽(My Beauty Club)'이라는 모바일 게임 앱을 제작하고, 이를 뷰티 어드바이저 교육용으로 활용

- 로레알의 뷰티 어드바이저를 위한 e러닝 모듈, 기업 뉴스, 브랜드 홍보물 등 공유

③ **특이사항:** 로레알 아시아 본부에 소속된 뷰티 어드바이저들은 모바일앱을 통해 정보를 교환하고 소셜 활동을 공유

④ **성과 및 수익성:** 2020년과 2021년 기술을 활용하여 우수한 성과를 낸 기업 및 조직에 수여하는 Brandon Hall Excellence in Technology Award 연속 수상

* * *

9. 루이비통(프): 게임 이벤트와 콜라보 진행

① **개요:** 온라인상의 게임 이벤트에 자사로고 노출

② **게임화:** 2019년 리그 오브 레전드 월드 챔피언십 결승전 이벤트에 의상 및 자사 로고 스킨 후원

③ **특이사항:** 게임 속 인기 캐릭터에 명품 브랜드를 장착하자 MZ세대 게임 팬으로부터 열띤 반응

④ **성과 및 수익성:** 수천만 시청자가 해당 이벤트를 시청하는 광고 효과를 거두었으며 한정판 제품 47종이 1시간 만에 매진

* * *

10. 리복(미): 도심 달리기 게임

① **개요:** 게임 참가자의 달리기 속도를 측정하여 자사의 운동화 증정

② **게임화:** 도심에 속력 측정계를 설치하고 시속 17킬로미터 이상을 달리는 사람에게 리복 운동화 무료 증정

③ **특이사항:** 달리기에 대한 관심을 환기하여 체험 마케팅을 통해 운동화 판매를 촉진

④ **성과 및 수익성:** 유튜브, 온라인 기사를 통해 수백만 소비자들에게 브랜드 노출

* * *

11. 리사이클뱅크(미): 재활용 독려 게임

① **개요:** 2004년 뉴욕에서 설립된 친환경 홍보 업체

② **게임화:** 일상의 친환경 활동에 참여하는 회원에게 게임 포인트를 부여해 가맹점에서 사용하도록 하는 프로그램을 제공

- 회원은 전자태그(RFID)가 내장된 재활용 쓰레기통에 재활용품을 담고, 무게에 따라 포인트를 획득
- 포인트는 가맹점에서 현금처럼 사용

③ **특이사항:** 좋은 일을 한다는 내재적 동기를 부여하고 행동 변화를 위한 경제적 보상도 제공

④ **성과 및 수익성:** 재활용률 및 참여 회원 수 증가

- 미국 내 300여 개 도시에서 리사이클뱅크의 서비스를 이용한 뒤 재활용률이 15~100% 증가

- 창립 7년 만인 2011년 회원 수는 300만 명으로 증가했으며, 미국 최대의 쓰레기 처리 회사인 웨이스트 매니지먼트(Waste Management)가 2,000만 달러 투자

* * *

12. MS(미): 소프트웨어 오류 찾아내기 게임화

① **개요:** 최대 테크 기업 중 하나로 클라우드 컴퓨팅 및 다양한 소프트웨어 개발 및 판매

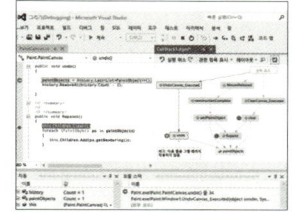

② **게임화:** 엔지니어들의 자발적 참여를 장려하기 위해 버그 및 오류 포착 과정을 게임화

③ **특이사항:** 오류 포착 시 포인트를 부여하고 지역별·개인별 실적을 파악하고 공개해 엔지니어들의 자발적 참여를 유도

④ **성과 및 수익성:**
- 소프트웨어 오류 찾아내기 게임의 성공으로 앱 검색 품질 개선 게임 및 제품 오류를 찾는 코드리뷰 게임도 실시
- 업무의 게임화로 즉각적 피드백이 가능해져 조직 구성원들의 자부심 증대 및 동기부여 효과

13. 미제레오르(독): 'The Social Swipe'

① **개요:** 독일에서 설립된 기업으로 인종, 종교, 국적에 관계없이 전 세계의 빈곤과 가난을 퇴치하기 위한 활동을 전개하는 비영리단체

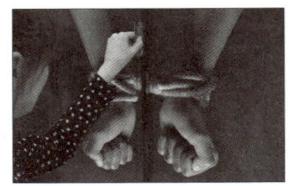

② **게임화:** 인터랙티브 광고인 'The Social Swipe'로 소액 기부를 유도
- 화면 한가운데 카드 리더기를 배치해 카드를 긁는 순간 빵이 잘리고, 수갑이 끊기는 식으로 기부가 되는 화면 연출
- 제3세계 아이들에게 빵을 잘라 나눠 주고 불합리하게 갇혀 있는 아이들을 풀어준다는 의미 부여

③ **특이사항:** 기부액은 2유로로 소액이며 기부 결과를 바로 보여주는 광고 화면으로 사람들의 참여를 유도

④ **성과 및 수익성:**
- 2013년 함부르크 공항에서 한 달간 광고를 게시해 누적 기부액 3,000유로 기록, 같은 기간 정기 기부자 23% 증가
- 2014년 클리오 광고제에서 Direct 부문 브론즈상, Out of Home 부문 금상 수상

14. 벤치마크게임즈(헝가리): 지원자 역량 측정 게임

① **개요:** 헝가리의 비즈니스 게임화 스타트업

② **게임화:** 게임으로 지원자의 행동패턴을 분석하고 측정해 개인의 잠재력을 파악할 수 있는 인공지능 기반 맞춤 채용 시스템

- 도토(구조화 게임), 큐리오시티(출구 찾기), 멀티태스크(시간제한 내 다양한 과업 수행), 테스트 모듈(기존 적성검사와 유사), 소토리(생산라인 시뮬레이션) 등 총 다섯 종류의 게임 제공
- 게임 결과를 기반으로 게임 참여자의 문제해결 능력, 창의력, 업무 습득력, 적응력 등 18가지 역량 데이터를 분석

③ **특이사항:** AI 머신러닝 알고리즘을 활용해 10~15분의 게임 시간 동안 수천 개의 데이터를 수집하고 개인의 행동패턴을 분석

④ **성과 및 수익성:** 채용 프로세스를 간소화하고 지원자에 대한 편견 없는 판단이 가능해 많은 글로벌 기업들이 도입

- 딜리버리히어로, 보쉬 등 글로벌 대기업이 이용하고 있으며 유럽과 미국을 포함한 18개국에서 서비스 중

***

15. SAP(독): 고객 응대 시뮬레이션 게임 '로드워리어'

① **개요:** 독일 시가총액 1위 기업(2023년 4월 현재)으로 비즈니스용 애플리케이션 소프트웨어 분야의 글로벌 리더

② **게임화:** '로드워리어'는 고객과의 상담 상황을 시뮬레이션하는 영업사원용 교육 프로그램

③ **특이사항:** 게임 상황은 실전에 가깝게 구성되어 있고, 게임 내 고객 응대 미션에 성공하면 레벨업이 가능하며 배지와 포인트 획득

④ **성과 및 수익성:** 책이나 동영상을 통한 교육보다 실전에 가까운 경험을 할 수 있으며, 동료들과 건전한 경쟁을 하는 환경 조성

***

16. 아마존(미): 물류센터 업무 게임화 'FC 게임즈'

① **개요:** 미국에 본사를 둔 기업으로 온라인 전자상거래, 데이터센터 기반 클라우딩 서비스, 아마존 프라임 등 사업군 보유

② **게임화:** 물류센터 근무자 업무에 다양한 미니 게임을 도입해 반복적 물류 작업에 재미를 가미

- 그중 '미션레이서(MissionRacer)' 게임은 실제 작업의 진척도에 따

라 게임 내 가상 차량의 속도가 변화하며 게임에서 승리하면 게임머니 획득
  - 게임머니는 자사 매장에서 물건을 구입하는 데 사용
③ **특이사항:** 일을 열심히 할수록 물건 구입에 사용할 수 있는 게임머니 등 보상을 취득할 가능성이 높아짐
④ **성과 및 수익성**
  - 물류센터 근무자의 지루함을 개선하고 생산성 향상
  - 게임 이용자의 데이터를 축적해 물류센터 근무 작업이 향상될 수 있도록 게임 시스템을 지속적으로 업그레이드

* * *

17. 아스트라제네카(영): 'Go-to-Jupiter'

① **개요:** 영국의 다국적 제약회사
② **게임화:** 이탈리아의 게임화 업체인 alittleb.it이 아스트라제네카 소속 영업직원의 제약 지식 수준을 높이기 위해 개발한 게임(Jupiter는 아스트라제네카의 임상연구를 상징)
③ **특이사항:** 팀 경쟁, 팀 내 협력, 미니 게임, 승리 시 보상, 리더 보드, 상위 레벨로의 이동 등 다양한 게임요소 적용
④ **성과 및 수익성:** 목표한 직원의 97%가 게임에 참여했으며 95%가 훈련 모듈 완료
  - 신약의 기능 숙지, 판매 채널 및 판매 노하우 확보

18. 야나두(한): 야핏 사이클

① **개요:** 한국의 온라인 교육 업체로 카카오의 에듀테크 계열사

② **게임화:** 야핏 사이클은 게임적 요소와 동영상, 마일리지 적립 시스템이 결합된 운동 서비스

③ **특이사항:**
- 야핏 사이클 앱은 출석횟수, 라이딩 거리, 미션 성공률을 파악해 현금처럼 쓸 수 있는 마일리지를 최대 2만 점 제공
- 마일리지는 앱 내 스토어에서 상품권이나 영화 관람권으로 교환 가능

④ **성과 및 수익성:** 야핏 사이클 출시 6개월 만에 매출 100억 원을 달성했으며, 회원 10명 중 7명이 지속적으로 운동

* * *

19. 오늘의집(한): 구매 과정 게임화

① **개요:** MZ세대의 인테리어 트렌드를 파악하여 게임화 실행

② **게임화:** 다른 참여자가 게시한 인테리어 이미지에 대해 리뷰를 작성하면 현금화가 가능한 포인트 제공

③ **특이사항:** 게임화를 통해 사이트 방문을 유도하며, 클릭과 동시에

구매 창으로 연결

④ **성과 및 수익성:** 기성 매체를 통한 CF를 하지 않고도 업계 최초로 누적 앱 다운로드 1,000만 건 달성

* * *

20. 옴니케어(미): 고객 응대 서비스 게임화

① **개요:** 미국에서 가장 큰 의료케어 장비 공급회사

② **게임화:** 헬프데스크의 고객서비스 향상을 위해 게임에 기반한 리워드 제도를 구축해 고성과자에게 아마존 상품권 및 영화표 등을 제공

③ **특이사항:**
- 첫 번째 게임화 시도는 업무의 성공과 실패를 단순하게 처리 속도만으로 판단해 오히려 고객만족도가 떨어지는 부작용 발생
- 다소 복잡한 도전과제로 이루어진 미션과 레벨별 피드백을 도입한 두 번째 게임화 시도는 성공

④ **성과 및 수익성:** 모든 헬프데스크 직원이 게임에 참여하였고 고객 대기 시간 50% 감축 및 직원 이직률 축소에 성공

* * *

21. 유니레버(영): 인공지능 기반 채용 게임화

① **개요:** 영국에 본사가 있는 다국적기업인 유니레버는 채용 과정에 AI 기반 온라인 게임을 활용

② **게임화:** 하이어뷰(Hirevue) 사와 협력해 개발한 게임으로 스트레스

를 받는 상황에서의 지원자의 집중력 및 기억력을 분석

③ **특이사항:** 질문에 대답하는 속도, 표정, 목소리와 억양을 AI가 종합적으로 분석하여 최종 면접 대상을 선정

④ **성과 및 수익성:** 매년 180만 건의 지원서를 받고 그중 3만 명을 채용하는데, AI 기반 게임을 적용함으로써 면접·평가에 소비되는 시간을 약 7만 시간 절약

* * *

22. UN 세계식량계획(WFP): 'Food Force'

① **개요:** 기아와 빈곤 문제를 해결하기 위해 UN이 운영하는 인도주의 기관으로 식량 원조를 통해 개발도상국의 경제·사회 발전을 도모하고자 설립

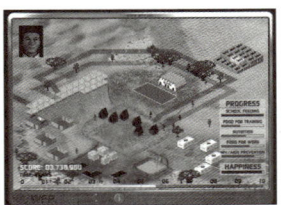

② **게임화:** 2005년 UN세계식량계획의 긴급구호 활동을 청소년들이 쉽게 이해할 수 있도록 게임 제작

- 헬기 등 수송 수단을 이용해 인도양에 위치한 가상의 섬 세이란의 난민들에게 구호 물품을 신속하게 전달하는 미션 수행
- 게임을 통해 현실세계의 기아·난민 상황과 UN세계식량계획의 활동을 이해

③ **특이사항:** 2009년 두 번째 교육 게임인 'Food Force2'를 공개

- 어린이들이 지역사회를 탐색하고 음식 및 영양의 중요성을 배울 수 있는 교육 게임으로 개발

④ **성과 및 수익성:** 세계 19개국에서 서비스되어 1,000만 유저를 확보해 가장 성공적인 교육 게임 중 하나로 자리매김

* * *

23. AIA생명(홍콩): AIA바이탈리티×T건강걷기

① **개요:** 홍콩의 다국적 생명보험 기업

② **게임화:** SK C&C, SK텔레콤과 합작해 AIA바이탈리티×T건강걷기 앱을 출시해 걸음 수가 많을수록 선물 증정

③ **특이사항:** T건강걷기로 목표 포인트를 달성하면 통신요금 할인 및 상품권 증정 등 선물을 주고 AIA생명의 보험 상품 가입 시 보험료 할인

④ **성과 및 수익성:** 걷기만으로 공짜 쿠폰을 준다는 소문이 나면서 출시 후 14만 명이 프로그램에 등록

* * *

24. LG디스플레이(한): 메타버스 플랫폼 교육

① **개요:** 국내 4개 사업장을 보유한 글로벌 디스플레이 전문 제조회사

② **게임화:** 현장 교육이 곤란해진 팬데믹

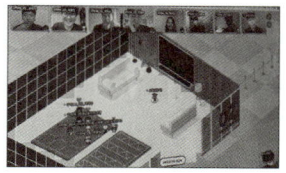

상황에서 메타버스 플랫폼 교육 도입
- 파주, 구미, 트윈, 마곡 사업장을 구현한 메인 홀과 5개의 그룹 홀, 8명으로 구성된 25개의 팀 홀로 이어지는 3단계 네트워킹 공간을 게임의 장으로 구성
- 메타버스 플랫폼 안에서 동기들과 각자의 아바타로 소통하며 릴레이 미션, 미니 게임 등 다양한 교육 프로그램 참여

③ **특이사항:** 교육 몰입도 제고와 신입사원들의 네트워킹 강화가 목적

④ **성과 및 수익성:** 200명의 신입사원 중 91%가 메타버스 교육 플랫폼이 동기들 간 네트워킹에 효과가 있었다고 응답

* * *

25. 지멘스(독): 가상 공장 짓기 게임 '플랜트빌'

① **개요:** 유럽 최대의 엔지니어링 기업으로 자동화 및 제어, 에너지, 전력 발전, 철도, 의료 등 10개의 주력 사업 부문을 가진 복합 기업

② **게임화:** 자사의 직원들이 플랜트 관련 기술을 보다 정확히 이해하고, 일반인들에게 브랜드를 홍보하기 위해 온라인상에 공장을 건설하고 운영해볼 수 있는 '플랜트빌(Plantville)' 게임을 공개

③ **특이사항:** 내부 직원교육 및 일반 고객 마케팅에 활용

④ **성과 및 수익성:**
- 엔지니어 외의 일반 직군 직원이 게임을 통해 실제 사업을 간접 경

험함으로써 업무 이해도 증가
- 게임을 이용하는 일반 고객에게 자연스럽게 플랜트 사업을 홍보

✲ ✲ ✲

26. 타깃(미): 정산 업무 게임화

① **개요:** 미국에서 여덟 번째로 큰 규모의 종합 유통 업체
② **게임화:** 계산대 직원이 고객이 구매한 물품을 스캔하는 속도에 따라 빨간불, 파란불이 점등되는 시스템을 설치해 직원의 생산성 향상
- 직원들은 계산 업무의 게임화로 단순반복 작업의 지루함을 해소하고 업무처리 속도를 높이려 노력

③ **특이사항:** 나이 든 직원과 젊은 직원 간 게임화 수용에 차이가 존재
- 나이 든 직원들은 정산 게임이 작업 효율과 속도에 대한 회사의 피드백이라고 인식
- 비디오게임에 익숙한 젊은 세대는 정산 게임이 마치 근무시간에 게임하는 것 같은 느낌을 준다고 긍정적으로 반응

④ **성과 및 수익성:** 게임 점수로 객관적 업무처리 속도를 비교
- 고성과 직원은 자신의 업무 효율성에 대한 자부심 보유
- 점수가 낮은 직원에 대한 추가 교육 및 보직 변경이 가능

✲ ✲ ✲

27. 포디자이어(대만): 'Fortune City'

① **개요:** 대만의 앱 개발 스타트업으로 'Fortune City'라는 개인 금융

관리 게임 앱을 개발

② **게임화:** 가계부와 게임을 연동한 앱으로 심시티 계열의 시뮬레이션 게임. 지루하고 반복적인 지출 금액 입력을 흥미로운 경험으로 전환

- 가계부를 작성하면 게임 속에서 건물을 짓고 나만의 도시를 건설할 수 있음
- 재무 상황을 시각적으로 전달해주고 그래픽을 통한 통계 자료도 보여주어 효과적 금융 관리가 가능

③ **특이사항:** 게임 속에서 상위 건물을 지으려면 가계부 작성 같은 게임 상의 미션을 수행하거나 현실의 돈을 사용하도록 설계

④ **성과 및 수익성:** 꼼꼼하게 가계부를 작성하면 게임 속에서 '나의 도시'를 화려하게 꾸밀 수 있으나, 가계부를 작성하려면 지속적으로 소비를 해야만 한다는 아이러니가 존재

✱ ✱ ✱

28. 프리지(영): 웃음 참기 게임

① **개요:** 영국의 식음료 기업

② **게임화:** 웹캠을 이용한 제품 프로모션 게임으로, 홈페이지를 방문한 소비자에게 웃음을 유발하는 영상을 보여주고 웃음을 참는 횟수만큼 점수가 올라가도록 설계

③ **특이사항:** 기록된 게임 스코어는 SNS로 공유

④ **성과 및 수익성:** 소비자들은 웃음 참기 게임을 통해 즐거웠던 기억을 프리지의 제품과 연결

* * *

29. 헨드릭오토모티브그룹(미): 딜러 교육 게임화

① **개요:** 미국 전역에 판매망을 보유한 대형 자동차 딜러사로 1만여 명이 근무

② **게임화:** 'the Academy LMS'라는 게임 기반의 교육 시스템 도입

③ **특이사항:** 교육을 이수하거나 동료에게 기술을 전수할 경우 레벨이 상승하고 배지를 부여받음

- 게임화된 미션 수행을 통해 흥미로운 교육 경험을 제공
- 동료들과 커뮤니티를 형성할 수 있는 플랫폼 제공

④ **성과 및 수익성:** 기존 온라인 교육 때보다 학습 사이트 방문 건수가 8배 증가

참고문헌

- 김경선·강태임 (2021). "증강현실(AR)기반 게이미피케이션(Gamification) 콘텐츠 사례분석".《상품문화디자인학연구》. 67(3), pp. 129-140.

- 나지영·박영일·김혜빈 (2016). "게이미피케이션 개념을 적용한 브랜디드 콘텐츠 사례 연구".《한국게임학회 논문지》. 16(5), pp. 46-56.

- 대니얼 그리핀·앨버트 판데르 메이르 (2019).《자, 게임을 시작합니다》. 장용원 역. 서울: 흐름출판.

- 라자트 파하리아 (2013).《빅데이터 게임화 전략과 만나다》. 조미라 역. 서울: 처음북스.

- 문하나·박승호 (2016). "소셜네트워크 서비스 기반 게이미피케이션 마케팅 연구".《디자인융복합연구》. 15(2), pp. 17-36.

- 바트 후펜 (2022).《게이미피케이션》. 이동현 역. 서울: 히어로즈북.

- 박성진·김상균 (2017). "교육 게이미피케이션 환경에서 바틀의 플레이어 유형 간 학업 성취도 차이 검증".《한국게임학회 논문지》. 17(4), pp. 25-36.

- 브라이언 마수미 (2018).《정동정치》. 조성훈 역. 갈무리.

- 석주원 (2021. 12. 29). "게이미피케이션의 개인화를 통한 삶의 변화". 한국게임화연구원. 〈https://koreagamification.tistory.com/22〉.

- 이은조 (2022). 《게임의 사회학: 리니지와 WoW의 로그 데이터에서 찾은 현실세계의 알고리즘》. 서울: 휴머니스트.

- 이주환 (2010). "인간의 욕구와 게임, 그리고 S시대". 《한국게임학회지》. 7(1), pp. 18-24.

- 정복문·김영식 (2017). "디지털학습 환경에서의 활용을 위한 게임화이론에 근거한 배지 시스템의 제안". 《교육연구논총》. 38(4), pp. 177-198.

- 차혜영 (2016). "모바일 게임화 광고의 인게이지먼트가 사용자 태도에 미치는 영향: 브랜드와 게임 간 일치성, 광고의 오락적 가치를 중심으로". 홍익대학교 대학원 박사학위 논문.

- 최광림·남윤재 (2018). "게이미피케이션 요소가 적용된 외식업 로열티 프로그램 어플리케이션이 브랜드 태도 및 브랜드 충성도에 미치는 영향-스타벅스의 '마이스타벅스리워드'를 중심으로-". 《관광학연구》. 42(9), pp. 103-121.

- 케빈 워바흐·댄 헌터 (2013). 《게임하듯 승리하라》. 강유리 역. 서울: 매일경제신문사.

- "게임, 세상을 바꾸다" (2021. 4. 12). 《이코노미조선》.

- "게임과 잠으로 고립을 잊는 은둔 청년" (2021. 12. 4). 《단비뉴스》.

- Ankaraj, S. (2021. 10). How to Successfully Integrate 'Gamification' into Your Marketing Activities. *HCM Sales, Marketing & Alliance Excellence*. 〈file:///C:/Users/user/Downloads/HCM_Sales_

Marketing_&_Alliance_Excellence_October_2021.pdf〉.

- Bartle, R. (2005). Virtual Worlds: Why People Play. ResearchGate. 〈https://www.researchgate.net/publication/308073596 _Virtual_worlds_Why_people_play〉.

- Bassanelli, S, Vasta, N, Bucchiarone, A., & Marconi, A. (2022). Gamification for Behavior Change: A Scientometric Review. National Library of Medicine. 〈https://pubmed.ncbi.nlm.nih.gov/35767927/〉.

- Burke, B. (2012. 11. 5). Gamification 2020: What Is the Future of Gamification?. Gartner. 〈https://www.gartner.com/en/documents/2226015〉.

- Burke, B. (2014). *Gamify: How Gamification Motivates People to Do Extraordinary Things*. Routledge

- Faber, T. (2021. 9. 14). How Everyday Life Became One Big Game. *Financial Times*.

- Hamiri, J. etc. (2014). Does Gamification Work?—A Literature Review of Empirical Studies on Gamification. Proceedings of the 47th Hawaii International Conference on System Sciences (IEEE).

- Hanus, M. D., & Fox, J. (2015). Assessing the Effects of Gamification in the Classroom: A longitudinal Study on Intrinsic Motivation, Social Comparison, Satisfaction, Effort, and Academic Performance. *Computers & Education*. Vol. 80, pp. 152-161.

- Ikhide, J. E., Timur, A. T., & Ogunmokun, O. A. (2022). The Potential and Constraint of Work Gamification for Employees' Creative Performance. *The Service Industries Journal*. Vol. 42, Issue 5/6, pp. 360–382.

- Imroz, S. M. (2021). Understanding Differentiation of User Roles and Gamification in a Professional Online Community: A Case Study. *Journal of Management Policy & Practice*. Vol. 22, Issue 4, pp. 33–46.

- Jackson, N. C. (2019). Managing for Competency with Innovation Change in Higher Education: Examining the Pitfalls and Pivots of Digital Transformation. *ScienceDirect*. Vol. 62, Issue 6, November-December 2019, pp. 761–772.

- Koppitsch, S. E., & Meyer, J. (2022). Do Points Matter? The Effects of Gamification Activities With and Without Points on Student Learning and Engagement. *Marketing Education* Review. Vol. 32, Issue 1, pp. 45–53.

- Kumar, S. (2021. 7. 1). Microlearning Is How Work Places Will Succeed Moving Forward. Entrepreneur. ⟨https://www.entrepreneur.com/article/374429⟩.

- Mcgonigal, J. (2011). Reality is broken: *Why Games Make Us Better and How They Can Change the World*. New York, NY: Penguin.

- Murawski, L. (2015). Gamification in Human Resource

Management—Status Quo and Quo Vadis. *Human Resource Management.* Vol. 35(3), pp. 337-355.

- Reeves, B., & Read, J. L. (2009). *Total Engagement: Using Games and Virtual Worlds to Change the Way People Work and Business Compete.* Boston, MA: Harvard Business School Publishing.

- Shahid, A., & Arshad, S. (2021). Gamification and Consumer Loyalty: The Role of Utilitarian and Hedonic Benefit. *Lahore Journal of Business.* Vol. 10, Issue 1, pp. 29-56.

- Sheldon, L. (2012). *The Multiplayer Classroom: Designing Coursework as a Game.* Boston, MA: Cengage Learning.

- Slotkin, A. (2021. 12). How to Boost Business Outcomes with Gamification. *HCM Sales, Marketing & Alliance Excellence.* 〈file:///C:/Users/user/Downloads/HCM_Sales_Marketing_&_Alliance_Excellence_December_2021.pdf〉.

- Torres, P., Augusto, M., & Neves, C. (2022). Value Dimensions of Gamification and Their Influence on Brand Loyalty and Word-of-Mouth: Relationships and Combinations with Satisfaction and Brand Love. *Psychology & Marketing.* Vol. 39, Issue 1, pp. 59-75.

- Wang, L, Gunasti, K., Shankar, R., Pancras, J., & Gopal, R. (2020). Impact of Gamification on Perceptions of Word-of-Mouth Contributors and Actions of Word-of-Mouth Consumers. *MIS Quarterly.* Vol. 44, Issue 4, pp. 1987-2011.

- Worimegbe, P. M., Worimegbe, T. M., & Oyinlola, A. (2021). Gamification and Firms Competitiveness: An Analysis of Deposit Money Banks. *Market-Tržište*. Vol. 33, Issue 2, pp. 129–147.

- Zichermann, G., & Cunningham, C. (2011). *Gamification by Design: Implementing Game Mechanics in Web and Mobile Apps*. O'Reilly Media.

- Innovation Insight: Gamification Adds Fun and Innovation to Inspire Engagement (2011. 12). Gartner Research.

- The global gamification market size, Share & Industry Analysis 2020–2027 (2020. 11). Fortune Business Insight.